주민자치 기본법
공산화의 길목

개정판
주민자치기본법, 공산화의 길목

초판1쇄 인쇄	2021년 03월 09일
초판1쇄 발행	2021년 03월 12일
재판 발행	2021년 03월 18일
개정판 발행	2022년 10월 06일
지은이	이희천
발행인	이희천
펴낸곳	도서출판 대추나무
디자인 디렉터	오종국 Design CREO
ADD	인천광역시 남동구 문화서로 3번길 14-7, 101호
전화	032-421-5128, 010-8799-1500
팩스	032-422-5128
등록	231-99-00699
ISBN	979-11-978023-1-7 03300

Copyright ⓒ 이희천, 2022

정가 17,300원

※ 잘못 만들어진 책은 구입처에서 교환 가능합니다.

개정판

주민자치 기본법
공산화의 길목

이희천 지음

社會主義

도서출판 대추나무

머리말

"그것을 알고 있는 나는 어떻게 해야 하나?"

2021년 2월 초 설 명절을 앞두고 김승규 전 국정원장으로부터 주민자치기본법안을 검토해보라는 부탁을 받았다. 주민자치기본법안은 2021년 1월 29일 더불어민주당 김영배 의원이 대표 발의한 주민자치회, 주민총회 설치에 관한 법률안이었다. 찬찬히 법조문을 읽어가면서 숨이 턱턱 막히고, 망치로 머리를 맞는 듯한 통증을 느꼈다. 왜냐? 공산주의 이론과 전략전술이 떠올랐고, 586 좌익운동권이 오랫동안 진지전을 전개한 조각들이 합체되는 느낌을 받았기 때문이다.

저자는 이 법안을 보면서 '문 정권이 지방분권을 무기로 체제를 바꾸려 하는구나.'라고 생각했고, 다음과 같은 잠정적 결론을 내렸다. 이 법안이 통과된다면 좌파 마을 활동가들과 좌파단체들이 읍·면·동을 장악한 후, 대한민국 하부인 읍·면·동으로부터 체제를 바꾸고 이를 기반으로 대한민국 전체를 인민민주주의체제를 거쳐 사회주의체제로 변혁시켜 갈 것이다.

대한민국을 이끄는 문재인 정권과 더불어민주당이 국민 모르게 이런 노골적인 악법을 발의했다는 사실에 충격을 받았다. 앞으로 무슨 일을 하려고 이러나?

냉정을 되찾은 후 곰곰이 생각해 보았다. 이 법이 통과된다면 마을에서 어떤 일이 벌어질까? 국민들 중 주민자치기본법안의 녹소조항을 제대로 아는 사람들이 있을까? 법안 통과 후, 법안의 위험성이 드러난다면 국민들은 어떤 반응을 보일까?

우리 국민의 70~80% 정도는 자유민주주의체제를 좋아하고, 북한, 중국 등 공산·사회주의체제로 가는 것을 싫어한다고 본다. 그런데도 아무도 모르는 사이 대한민국이 공산·사회주의라는 낭떠러지로 줄달음질 치고 있는 것이다.

그것을 알고 있는 나는 어떻게 해야 하나? 방법이 없다. 국민들에게 이 사실을 깨닫게 하는 길 밖에는... 그렇다. 알리자. 그래서, 실명으로 이 책을 쓴 것이다.

책을 출간함에 있어, 이상진 자유수호포럼 상임대표 이하 공동대표들과 운영위원들의 격려와 조언이 큰 힘이 되었다. 특히 구상진 자유수호포럼 공동대표이자 헌변(헌법을 생각하는 변호사모임) 대표는 직접 꼼꼼히 읽고 첨삭해 주셨고, 박인환 변호사(전 건국대로스쿨교수, 바른사회시민회의 공동대표), 남광규 고려대교수 등도 내용에 대한 평가와 좋은 조언을 해주셨다.

이 작은 나비의 날개짓이 국민대각성에 조금이나마 도움이 되었으면 좋겠다.

2021년 3월 3일

저자 이희천

개정판 머리말

"응원해주고 힘과 용기를 주신 분들을 위하여"

저자는 2021년 3월 초 『주민자치기본법, 공산화의 길목』이라는 책을 출판한 후, 전국을 다니며 강의나 유튜브를 통해 이 법안의 독소조항을 사실대로 알리려 노력했다. 2021년 5월부터 강의를 시작하자 인터넷을 도배하던 주민자치 홍보 유튜브 영상들이 급격히 줄어들고, 거리마다 그렇게 많던 주민자치회, 주민총회 현수막도 급격히 사라져 갔다. 충남 아산시, 충북 영동군 등 여러 지역에서는 주민자치회 조례 제정이 저지되었고, 특히 좌파 마을활동가들이 2021년 연말까지 법제화하겠다고 의욕을 보였던 주민자치기본법안도 일단 통과가 저지되었다. 이런 결과는 코로나 탄압 하에서도 용기를 내 저자를 불러 강의를 들어주시고 호응해 주신 목사님과 교회들, 몸과 마음이 힘듦에도 불구하고 거리와 시장통에서 전단지와 소책자를 나눠주며 주민들을 깨우는데 애쓰신 목사님, 장로님, 권사님, 애국인사 등 모든 분들의 노력 덕분이다.

한편 "왜 공산화라는 말을 썼느냐?", "왜 문 정권에 대해 사회주의를 지향한다고 하느냐?"는 비판도 있었고, "더불어민주당이 180여 석에 이르는데 저지할 수 있겠느냐? 좌파 마을활동가들이 그렇게 바라는 숙원사업인데…"라는 낙망스런 말을 듣기도 했다. 그럴 때 뒤에서 응원해주고 힘과 용기를 주신 분들, 주변에 널리 홍보해준 분들이 있었기에 이겨낼 수 있었다.

2021년 3월 출판된 초판은 여러 가지로 부족한 점이 많았다. 마을공동체 관련 자료와 법안들에 대한 이해도 부족했고 빨리 만들다 보니 미숙한 표현도 많았다. 그럼에도 불구하고 독자들이 꾸준히 호응을 해주시고 질문도 많이 해 주셨다. 특히 윤석열 정부 출범 후 오히려 이 책에 대한 요구가 급증했는데, 기독교계와 우파진영에서 마을이 위험하다는 것을 더욱 실감했기 때문이다. 이에 저자는 초판 후 수집한 다양한 자료와 새로 등장한 법안들을 참고하여 독자들의 궁금증을 해소하고 한층 업그레이드된 책을 만들어야겠다고 생각해 전면개정판을 내게 되었다.

특히 강의, 방송, 순회집회 등 다양한 방법으로 책자 소개와 '마을이 위험하다'는 사실을 널리 알려주시고, 특히 3,500여 개 읍·면·동별 자유마을운동을 주창해주신 전광훈 목사님께 감사드린다. 또한, 아산시 주민자치회 조례 폐지를 주도했을 뿐 아니라 충남 전역에 주민자치회 반대 여론화를 이끌어 주시고 LED차량으로 전국을 누비며 주민자치기본법의 해독성을 알리신 장헌원 목사님, 주민자치기본법 비판 소책자를 들고 강원도 고성에서부터 전남 순천까지 전국을 누비며 목사님들에게 나눠주며 널리 알리신 박만수 목사님, 주민자치기본법을 발의한 김영배 더불어민주당 의원 사무실, 마을공동체 법안을 발의한 서영교 더불어민주당 의원 사무실 등 앞에서 수 개월간 매주 2회씩 비판시위를 해 주신 한반교연 목사님들, 저자가 대표로 있는 「주민자치법반대연대」 활동에 적극 동참해 주신 박치근 상임공동대표 등 운영위원들에게도 감사드린다. 특히, 저자가 애국운동에 나서도록 이끌어 주고 『주민자치기본법, 공산화의 길목』을 출판하는데 적극 후원해 주신 정성희 목사님께도 깊은 감사를 드린다.

2022년 9월 26일

저자 이희천

주민자치기본법안이 통과된다면 마을에서 어떤 일이 벌어질까?
국민들 중 주민자치기본법안의 독소조항을 제대로 아는 사람들이 있을까? 법안 통과 후, 법안의 위험성이 드러난다면 국민들은 어떤 반응을 보일까?

차례 | Contents

머리말 _ 4   개정판 머리말 _ 7

01 제1장
주민자치기본법, 도대체 어떤 법인가? 17

01 대한민국 자유민주주의체제의 댐을 허무는 법이다   19
02 이 법의 실체를 파악하기 어려운 이유는 뭔가?   25
03 문 정권의 체제 허무는 입법들, 눈뜨고 감시해야   28

02 제2장
주민자치기본법, 그 오랜 배경 27

01 좌파운동권의 지방 풀뿌리운동 확산과정   35
02 마을공동체, 경제공동체, 교육공동체 실험과 그 결합   37
   (1) 베네수엘라 주민자치회 모델 수입 _ 37
   (2) 2000년대 확산된 귀촌, 귀농운동과 좌파세력의 지방확산 _ 42
   (3) 좌파 성향 교육공동체, 경제공동체 확산 _ 44
   (4) 사회주의 마을공동체인 마포 성미산마을모델, 전국 확산과정 _ 48
03 더불어민주당의 사회주의 성향의 헌법개정 추진   54
   (1) 문·정권의 지방분권제 강조, 그 의미는 뭘까? _ 55
   (2) 더불어민주당 헌법 초안의 사회주의 성향 내용 _ 58
04 문 정권의 지방분권 준비과정   63
   (1) 문 정권, 지방분권제 차근차근 사전준비 _ 63
   (2) 문 정권, 총선 후 지방분권 입법 드라이브 _ 64

03 제3장
주민자치기본법안과 독소조항 67

01 주민자치기본법, 도대체 어떤 법인가? 69
02 주민자치기본법안, 독소조항 집중분석 72
  (1) 주민자치기본법의 가장 큰 독소조항은 제7조(주민의 자격)이다 _ 72
  (2) 주민자치회, 누가 장악하는가? _ 84
  (3) 좌파활동가 주도 주민자치회로부터 피해받는 대상들 _ 87

04 제4장
조례로 시행되는 주민자치회, 핵심 독소조항 95

01 주민의 자격 부분 97
02 주민총회 99
03 조례에도 주민자치기본법처럼 분과조직을 두고 있다 105
04 법안과 조례, 주민자치회 업무 민간 좌파단체에
   위탁 가능(부패 다단계) 107

05 제5장
마을공동체 기반, 전체주의시스템 구축 시도 117

01 읍면동 좌파 마을공동체 만들기 노력	119
02 읍면동 좌파 마을교육공동체 확산	124
03 좌파 마을경제공동체 확산	138
04 좌파 마을치안공동체 시도	142
05 마을공동체를 기반으로 한 전체주의 조직화	151

    (1) 좌파세력 주도 주민정보관리시스템 구축 법안들 등장 _ 151
    (2) 마을공동체 전체주의시스템 구축 법안들 _ 153
    (3) 지방통치의 두 가지 조직망(행정조직망 + 좌파조직망) _ 159
    (4) 좌파 마을공동체 시스템이 노리는 최종 목적은? _ 161

06 제6장
다시 마을로 간 체제전쟁 163

01 6·25전쟁 경험자들이 본 마을전쟁	166

    (1) 6·25전쟁을 겪은 세대, 왜 주민자치회에 두려움을 갖는가? _ 166
    (2) 6·25전쟁 당시, 후방마을에서 일어난 체제전쟁 _ 167
    (3) 1950년 10월, 후퇴하던 북한정권의 후방마을 우파주민 집단학살극 _ 176

02 다시 마을로 간 체제전쟁	182

07 제7장
마을로 간 체제전쟁, 어떻게 승리할 것인가? 193

01 좌파가 장악하고 있는 대한민국 현실 그대로 인식하기   196
　(1) 결코 과장이 아니다 _ 196
　(2) 자유민주주의자들이 훨씬 많은데, 왜 이렇게 되었나? _ 198
　(3) 이미 상당수 읍·면·동 마을이 적화의 길로 들어섰다 _ 200

02 내전에서 이기는 최고의 방법, 자유마을운동   202
　(1) 자유마을운동이 최적의 방법이다 _ 202
　(2) 자유마을운동, 바로 이런 것이다 _ 203

03 자유마을운동이 성공하려면   206
　(1) 마을내전에 승리하려면 집체훈련 받아야 _ 206
　(2) 자유마을운동, 효과가 빨리 나타날 것 _ 207

04 읍·면·동 마을을 지키기 위한 각계의 합동작전   209
　(1) 정부가 해야할 일 _ 209
　(2) 경제계에서 해야할 일 _ 210
　(3) 기독교 등 종교계가 해야할 일 _ 211

부록 | 01 주민자치기본법안의 조문별 분석 _ 216
부록 | 02 주민자치기본법안(김영배 더불어민주당 의원 대표발의) _ 268

01

제1장

주민자치기본법, 도대체 어떤 법인가?

주민자치기본법안 발의자들은
'풀뿌리민주주의'니, '마을민주주의'니 하는 명분을 내세웠으나
실제로는 자유민주주의체제를 위협하고 공산국가들이
정권 초기에 시행하는 인민민주주의적 특성을 보이고 있다.

◆

01

대한민국 자유민주주의체제의 댐을 허무는 법이다

더불어민주당 김영배 의원 등(총 19명, 더불어민주당 18명, 무소속 1명)이 2021년 1월 29일 주민자치기본법안 제정을 발의했는데, 그 내용이 충격적이다. 자유민주주의체제를 해치고 헌법 위반 소지가 있는 내용들도 포함되어 있다.

주민자치기본법안 발의자들은 '풀뿌리민주주의'니, '마을민주주의'니 하는 명분을 내세웠으나 실제로는 자유민주주의체제를 위협하고 공산국가들이 정권 초기에 시행하는 인민민주주의적 특성을 보이고 있다.

이 이상한 지방분권체제가 시행된다면, 어떻게 될까? 전국의 말단지방 단위인 읍·면·동이 그 지역에 있는 좌파[1] 마을활동가들과 좌파단체들에게 장악당하게 된다. 대한민국의 말단조직들이 이렇게 사회주의세력에 의해 장악당하게 되면, 자유민주주의식 선거에 의한 지방자치제(도지사, 시장, 군수 선거)도 서서히 그 기능을 잃어가고, 중앙정부도 무력화되어 갈 것이다. 이 상태를 방치한다면 결국은 지방 하부체제가 완전히 바뀌어버려, 그 이전체제로 되돌리는 것은 불가능할 것이며, 겨우 정권을 회복한 우파정권도 다시 무너질 것이다.

주민자치기본법안의 핵심은 뭘까?

주민자치회와 주민총회라는 새로운 지방 권력조직을 만들고, 이 조직으로 하여금 읍·면·동 통치를 주도하도록 법적 근거를 마련하려는 것이다. 주민들의 총의를 물어 마을민주주의를 한다고 하지만, 주민총회는 허울일 뿐 실제로 운영하는 것은 주민자치회라는 집행기구이다. 주민자치회는 무소불위의 강력한 권한을 가지며 읍·면·동을 주도한다. 주민자치회 사무실은 읍·

---

1) 좌파란 정확한 용어는 아니지만 우리 사회에서 가장 널리 사용되고 있어, 이 책에서 사용한 것이다. 좌파란 좌익·좌경세력을 통칭하는 개념으로 사용되고 있다. 좌파의 정확한 개념은 『반대한민국세력의 비밀이 드러나다』, p50-51.

면·동 행정복지센터와 같은 건물에서 근무하도록 하여 읍·면·동 행정복지센터 직원들과 인간적 친밀도를 높이고 간섭, 통제하기 용이하게 하려는 것이다. 주민자치회는 지금까지 읍·면·동 행정복지센터와 비교되지 않을 정도로 강력한 권한을 갖고, 주민들을 통제하도록 했다.

막강한 권한을 가진 주민자치회의 사무국 직원은 어떻게 임명되는가? 시험도 아니고, 선거도 아니고, 주민자치회가 자체 추천해 올리면 지방자치단체장이(아마도 요식적으로) 임명하는 방식이다. 주민자치회가 사실상 셀프 선발하는 것이다. 그러므로 엄청나게 양산된 좌파 마을활동가들이 주민자치회를 차지할 것이다.

주민자치회는 하부조직이 있는데, 통(통장), 리(이장), 공동주택단지 등 소지역별 분회조직을 둘 수 있도록 했고, 교통·환경·아동·주거·안전·복지 등 지역적 특성에 따라 기능별 분과조직도 둘 수 있다. 이렇게 되면 기존 읍·면·동 행정복지센터의 하부조직인 통(통장), 리(이장), 반장 등 지역별 소조직과 중첩될 것이다. 통장, 반장들도 주민자치회에 참여하게 되면서 서서히 읍·면·동 행정복지센터의 하부조직이 주민자치회의 영향력 아래로 흡수될 것이다. 결국은 기존의 읍·면·동 조직은 유명무실해지고 점차 주민자치회로 통폐합 가능성도 있지 않을까? 나아가 시·군·구 등 지방자치단체도 하부조직을 상실함으로써 유명무실화되고 새로운 좌파 주도의 광역단체로 흡수될 위험성이 있다.

주민자치기본법안에 따르면, '주민'에는 주민등록법상 주민들(진짜주민)뿐 아니라 국적이 없거나 주민등록이 되어 있지 않은 가짜주민들도 주민으로 활동할 수 있도록 했다. 새로 받아들이는 가짜주민에는 그 지역에 거주하는 일정 자격의 재외동포와 외국인도 포함되고, 심지어 그 지역에 소재하는 기관이나 기업체의 모든 직원과 해당 지역에 소재하는 학교들(초·중·고교, 대학교 등) 소속 교직원들과 학생들조차도 포함된다. 이로써 민노총, 전교조 등이 개입할 근거가 마련되는 것이다.

이 법에 따르면, 주민자치회는 소속 주민들에 대한 상세한 개인정보(주민등록번호, 주소, 심지어 휴대폰 번호까지)를 중앙관계기관과 자치단체장에 요청할 수 있고, '요청받은 자는 이에 따라야 한다' 고 규정했다. 주민자치회가 지방정부는 물론 중앙정부 기관까지도 컨트롤 할 수 있는 무소불위의 권한을 부여한 것이다. 주민자치회는 이렇게 수집한 주민 개개인의 신상정보를 토대로 소속 주민들을 철저히 통제할 수 있는 것이다. 주민들의 인권이 심각하게 위협을 받을 수 있다.

이 법안이 통과된다면 그간 수십 년간 실시해온 자유민주주의체제에 입각한 지방자치제는 생명을 다하고 공산국가들이 체제변혁 초기에 시행했던 인민민주주의체제의 지방제도로 급변할 것이다. 좌파세력이 읍·면·동 마을공화국을 지배하는 양상이 구축되는 것이다.

주민자치회는 단순히 지방행정 지원업무에 그치지 않고 중앙정부의 업무와 관련된 사항까지도 광범하게 간여할 수 있다. 교통, 안전 등 치안업무나 노동, 환경 등 기업을 통제할 수 있는 기능, 주거, 인권, 복지 등 개인 관련 사항까지도 세세히 간여할 수 있는 기능을 부여하고 있다.

주민자치기본법안에 따르면, 지역 내 거주민은 물론 해당지역에 소재하는 기업들, 학교, 교회, 자영업자 등은 물론 일반 주민들까지도 주민자치회의 철저한 감시와 통제 대상이 된다. 그러므로 이 법안은 대한민국 국민들의 자유권과 생존권을 심각하게 위협하고 자유민주주의 체제마저 허무는 흉기라 할 것이다.

02
이 법의 실체를 파악하기 어려운 이유는 뭔가?

문 정권 출범 후 엄청난 양의 법령들이 제정, 개정되었다. 총선 전에는 엄청난 양의 시행령(명령 : 대통령령, 부령 등)과 조례(자치단체의 입법)가 제정·개정되어 정책이 시행되었고, 총선 후에는 수많은 법률이 제정, 개정되었다. 국가법령정보센터 의안정보시스템에 따르면, 문재인 정권 5년 동안 국회에 제안된 법률안 건수는 32,655건이며, 이중 제정·개정된 법률안 건수는 총 4,025건이다. 또한 문재인 정권 5년 동안 지방의회에서 제정, 개정된 조례 건수는 82,605건이다.

도대체 무슨 법령이 만들어지고 고쳐지는지도 모를 정도다. 그런데 더 문제는 일반 법학자들이 그 법령을 제대로 분석하지 못하고 있다는 데 있다. 왜 그럴까?

법학자들은 대부분 자유민주주의에 입각한 법률이론과 용어를 배우고 연구해왔다. 이들은 사회주의 사상에 대해 잘 모르고, 사회주의세력이 만들고자 하는 세상이 어떤 것인지 잘 모르며, 사회주의자들이 사용하는 용어의 의미를 잘 모른다. 따라서 문 정권에서 만든 법령에 대해 그 목적이 뭔지, 각 용어들이 의미하는 바가 무엇인지 잘 모르기에 제대로 된 법률 분석을 하기가 어려운 것이다.

주민자치기본법안도 마찬가지다. 자유민주주의 사상에 입각한 용어와 이론으로는 이해가 잘되지 않는다. 그래서 피상적인 분석밖에 할 수 없는 것이다.[2]

이를테면, '읍·면·동에 사실상 새로운 지방자치단체

---

[2] 그래서 우리나라 우익진영 정치사상계의 최고전문가인 양동안 한국학중앙연구원 명예교수가 쓴 『한국에서 혼란스럽게 사용되는 정치·사상 용어 바로 알기』(도서출판 대추나무, 2020.12)라는 책을 강력추천한다. 이 책은 이러한 사회주의세력이 사용하는 용어들의 의미를 제대로 이해할 수 있게 하고, 정치·사상 용어들의 올바른 개념과 그 역사적 유래를 객관적 시각에서 조곤조곤 설명한 정말 귀중한 책이다. 저자가 법률가가 아니면서도 이러한 주민자치기본법을 분석할 수 있는 것도 사회주의세력의 정치·사상 용어들에 대해 학습한 때문이다.

가 출현하는 셈인데…'

'기존의 읍·면·동과 기능중복이 불가피하고, 기존의 지방자치단체와는 조화가 어려울 텐데…'

'예상되는 역할에 비해 지나치게 과도한 권한과 혜택을 주는 데 비판이 많을 텐데…' 등이다.

주민자치기본법안 등 좌파세력이 만든 법안을 제대로 분석하려면 공산·사회주의 사상에 대한 연구가 필요하다. 문재인 정권의 주도세력이 어떤 사상을 가지고 있는지, 그들이 만들려고 하는 세상은 무엇인지, 그들은 어떤 용어로 표현하는지 등을 제대로 알아야 한다.

03

문 정권의 체제 허무는 입법들, 눈뜨고 감시해야

2019년 홍콩에서는 홍콩시민 700만 명 중 200만 명 이상이 참가하는 대규모 저항운동이 일어났다. 세기적인 홍콩시민들의 저항운동은 송환법이라는 법률 하나 때문이었다. 홍콩인들의 범죄에 대해 중국 본토로 송환하면 홍콩인들의 자유와 인권이 침해된다는 것에 대한 반발이었다. 자유민주주의를 지키려면 개인의 자유를 침해하는 법률 하나하나에 대해 국민들이 눈을 부릅뜨고 감시해야 가능한 것이다. 그런데 문재인 정권은 집권 5년 동안 4,025건이 넘는 법률을 제정·개정했고, 명령(대통령령, 부령 등), 조례 등 하위 법령을 제정·개정한 것까지 합치면 십수만 건 넘게 바꾸었는데도 국민들은 무관심하다. 이런 국민의식으로 어떻게 대한민국의 자유민주주의를 지켜낼 수 있을까?

문 정권과 더불어민주당을 주도한 주사파 등 좌파혁명세력은 자본주의체제를 허물고 사회주의체제로 만들려는 혁명의 꿈과 노력을 평생을 해온 세력이다. 이들은 마르크스-레닌, 김일성의 주체사상을 들먹이지 않더라도 그들의 체제변혁 의지를 공개적, 비공개적으로 수없이 밝혀왔다. 2017년 7월 추미애 민주당 대표는 토지제도에 대해 '토지소유권은 국가가 갖고 인민은 사용권만 갖는 중국식이 타당하다'고 발언해 충격을 주었다. 또한, 2020년 1월 이인영 원내대표는 '이번 총선이 끝나면 사회주의체제로 바꾸겠다'는 의미를 가진 발언까지 해서 큰 충격을 주었다.

문 정권은 정권을 잡은 후 5년간 끊임없이 체제변혁을 위한 조치들에 매진해왔다. 사회주의 노선의 헌법으로 개정하려고도 했고, 총선 전에는 법률 제정, 개정이 어려웠으므로 시행령(행정부의 명령)과 조례 등을 통해 우회적으로 체제변혁을 위한 작업들을 지속 추진했다.

그러다 총선에서 180석 이상을 확보한 후에는 봇물 터

지듯, 법률 제정, 개정을 통해 체제변혁 작업을 가속화했다. 얼마나 많은 법률을 제안하고 제정, 개정했는지 국민들은 물론 법 전문가들이나 국회의원들조차도 알 수 없는 지경이었다. 이들 중 자유민주주의체제에 타격을 주는 내용이 상당하다.[3] 그 중에서도 주민자치기본법안은 헌법 개정에 버금간다고 할 만큼 자유민주주의 체제에 위협적이다.

주민자치기본법안이 아직 국회를 통과하지는 못했지만 이 법안을 꼼꼼히 검토해야 할 이유는 좌파정치세력과 좌파 마을활동가들이 어떤 마을공동체를 만들려는지, 이를 통해 대한민국 체제를 어떻게 바꾸려는지 잘 알게 해주기 때문이다.

또한, 주민자치기본법안은 비록 통과되지 않았지만, 지

---

[3] 문재인 정권 임기 동안(2017.5.10. – 2022.5.9.) 제정된 법률안은 235건, 개정된 법률안은 3,790건으로 총 4,025건이다. 그 중에는 공수처법 등 자유민주적 기본질서에 중대한 위해를 가할 우려가 있는 것이 허다하다. 일본의 경우 연간 30건이 입법되는 것에 비추어 볼 때 이러한 작태는 공산화 작업임이 분명하다.(김선식 책임편집, 『공산주의 유령은 어떻게 우리 세계를 지배하는가? 상권』 에포크미디어코리아 2019. 41쪽 제17계 법률을 사악하게 변질시키다 및 358쪽 이하 법률로 사악을 합법화하다 참조)

방의회가 제정하는 조례를 통해 1,200여 개 읍·면·동에서 좌파 주도 주민자치회가 실시되고 있다. 현재 조례로 실시되고 있는 좌파 주도 주민자치회의 문제점을 파헤치기 위해서도 주민자치기본법안의 독소조항을 면밀히 검토해야 한다.

우리는 여기서 이 법안이 갖는 독소조항과 내용을 하나씩 하나씩 분석해보기로 한다. 어떤 분들은 '중앙정부의 문제도 아니고 말단 읍·면·동 지방조직의 문제인데 뭐 그리 호들갑을 떠느냐' 라며 대수롭지 않게 말한다. 그러나 그렇지 않다. 대한민국 전역에 퍼져 있는 지방 말단조직인 읍·면·동 전체가 사회주의 성향의 세력들에게 장악당하고 만약 인민민주주의체제를 거쳐 사회주의체제로 급진적 변혁이 일어난다면, 대한민국의 자유민주주의체제가 사라지기 때문이다.

02

제2장

주민자치기본법, 그 오랜 배경

문 정권이 주민자치회를 제정하려는 것은
결코 돌발적 시도가 아니다. 오랜 준비과정을 거친 것이다.
이제는 그 부분적 작업들이 무르익어, 이것들을 결합(합체)하는
단계에 이르렀다고 보여진다.
그래서 이를 합체하는 작업이 바로
주민자치기본법이며, 주민자치회 구성이다

◆

주민자치기본법안이 2021년 1월 29일 발의되어 입법과정을 거치고 있는데, 이 법안의 내용을 살펴보기 전에 이 법이 제의된 배경을 살펴보아야 한다. 주민자치기본법을 제안한 세력은 누구이며, 이 법안을 통해 혜택을 누리는 세력은 누구인지 알아야 한다. 그래야 주민자치기본법안이 갖는 성격이 무엇인지, 이 법안이 실행되면 어떤 결과를 낳으며, 우리 사회에 어떤 영향을 미칠 것인지 알 수 있기 때문이다.

01

좌파운동권의 지방 풀뿌리운동 확산과정

주민자치기본법안은 주민자치회 설치에 대해 '마을민주주의', '풀뿌리 자치활동', '주민자치의 실현' 등으로 포장하고 있는데, 좌파세력이 오래전부터 마을을 장악하기 위해 실험하고 확산해 온 마을공동체를 기반으로 한 것이다. 좌파세력은 사회주의체제로 변혁하기 위해,

오래 전부터 마을로 내려가 마을교육공동체, 마을경제공동체 등 좌파 마을공동체를 만들어 운영해 왔다.

문 정권이 주민자치회를 제정하려는 것은 결코 돌발적 시도가 아니다. 오랜 준비과정을 거친 것이다. 이제는 그 부분적 작업들이 무르익어, 이것들을 결합(합체)하는 단계에 이르렀다고 보여진다. 그래서 이를 합체하는 작업이 바로 주민자치기본법이며, 주민자치회 구성이다. 그간 좌파 마을활동가들이 어떤 과정을 거쳐 확산되고 지금의 마을을 장악하게 되었는지 살펴보기로 한다.

02

마을공동체, 경제공동체, 교육공동체 실험과 그 결합

(1) 베네수엘라 주민자치회 모델 수입

문재인 정권이 전국 읍·면·동에 설치한 주민자치회는 베네수엘라 주민자치회를 원용한 것이라는 것이 전문가들의 평가다. 우리나라 좌파세력이 베네수엘라 사회주의 통치방식을 연구하기 시작한 것은 노무현 정부 때부터이다. 노무현 정부 때인 2007년 발간한 책, 『베네수엘라, 혁명의 역사를 다시 쓰다』를 보면 잘 알 수 있다.

베네수엘라의 차베스는 1998년 대선에서 대통령에 당선되었다. 그는 2000년 들어 사회주의체제로 변혁하기 위해 49개의 법률을 통과시켰고, 영구집권을 위해 마을을 장악하는 방법을 개발했다.

차베스 대통령은 먼저 적군과 아군을 확실히 구분했는데, 적군에게는 적폐청산을 위한 탄압을 가하고 아군에

좌파, 오래 전부터 베네주엘라 연구

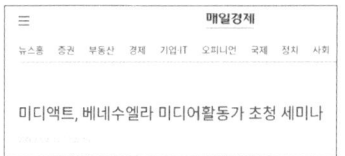
⟨2004년 11월⟩

⟨2007년 출판⟩

⟨2005년 1월⟩

게는 권력을 분배하고 복지정책을 나누었다.

차베스 대통령은 '미국, 자본주의, 재벌'을 3대 적으로 규정했는데, 특히 "산유국 1위 베네수엘라의 돈은 다 어디로 갔는가? 그동안 부자들이 다 가져갔다."며 가난한 사람들의 분노를 자극했다. '재벌은 악, 노동자는 선'으로 규정하며 재벌해체를 주장했다.

차베스는 "나의 사령관 차베스, 나의 대통령 차베스"를 외치며 열렬히 추종하는 볼리비안서클(한국의 노사모그룹과 유사)에게 권력을 분배, 마을의 주민자치회를 주도하도록 했다. 이를 통해 주민들을 완전히 장악함으로써 선거 때마다 승리, 영구집권이 가능하도록 했다. 또한, 차베스 대통령은 가난한 사람들의 마음을 얻기 위해 복지 포퓰리즘 정책으로 무상교육, 무상의료 등을 시행했다. 과도하게 교사를 채용했는데, 10년간 6만 5천명에서 35만명으로 급증했다.

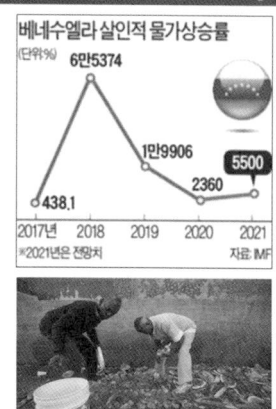

베네수엘라는 석유매장량이 세계 1위로서, 사우디아라비아보다도 매장량이 많은 부국이었다. 그런 나라가

1998년 차베스가 대통령에 당선되고 사회주의체제로 바뀌면서 외국기업 이탈, 국내기업 쇠퇴, 복지·분배정책 남용과 초인플레이션 발생 등으로 점차 경제가 파멸 상태로 치달았다. 2018년 물가상승률은 연간 600배에 이르렀으며, 화폐개혁 등 완화조치를 취한 뒤인 2021년에도 연간 6배에 이르렀다. 이런 살인적인 물가상승률 앞에 기업생산과 유통은 불가능하다. 화장지 한 통을 사기 위해 가방 한가득 돈을 가지고 가야 한다. 중산층조차도 쓰레기통을 뒤지고, 국민의 20%가 먹고 살기 위해 해외로 나갔다. 살인율 세계 1위라고 한다.

차베스정권이 나라를 파국으로 몰고 갔으면 대안 정치세력을 키우고 그들에게 표를 던져야 하는 것 아닌가? 그런데 왜 베네수엘라 국민들은 차베스(4선)-마두로 정권에 계속 표를 던지는가? 언론은 물론 학자들도 그 원인을 정권이 국민들에게 선심성 돈을 푸는 포퓰리즘 정책 때문이라고 주장한다. 맞는 말이기는 하나, 뭔가 부족하다. 보다 더 근원적인 요인은 바로 좌파세력이 마을을 장악하도록 한 주민자치회를 주목할 필요가 있다. 기업 등 경제가 몰락한 상황에서 주민들이 마을을 장악한 좌파세력에게 잘못 보였을 때, 살아남을 수가 없다. 마을의 통제권과 경제권을 장악한 그들에게 표를 던지지 않을 수가 없는 것이다. 베네수엘라 좌파 영구집권이 가능한 것은 바로 차베스-마두로 정권에 충성하는 좌파세력에게 마을통치권을 분배해 주민을 장악하도록 하는 데 있었다.

2000년대 중반 노무현 대통령을 추종한 노사모 등 586 좌파세력은 사회주의체제로 변혁하기 위해 하부의 마을을 장악해야 한다는 베네수엘라 통치방식에 주목했다. 이들은 베네수엘라 통치 전문가들을 초청해 배우거나 베네수엘라 등 각국 사회주의모델을 연구하는 세미나도 수시로 개최했다.

노무현 정부(2003.2-2008.2)시기 586좌파세력은 참여민주주의, 직접민주주의, 풀뿌리민주주의 등을 내세우며, 정치·행정 참여, 지방자치 참여 등 인민민주주의식 대중참여운동을 전개했다. 이러한 노선에 따라 귀촌, 귀농 운동, 마을학교 개설, 마을기업 개설, 좌파마을공동체 만들기 등 마을운동 붐이 일어나게 된 것이다.

(2) 2000년대 확산된 귀촌, 귀농운동과 좌파세력의 지방확산

2002년 이후, 서서히 도시를 떠나 경기도, 강원도, 전라도, 충청도, 경상도 등 지방으로 옮겨가는 귀촌·귀농운동이 일어났다. 일자리가 줄어든 도시에서 떠나 농촌으로 회귀한 것이다. 이러한 귀촌·귀농운동은 노무현 정부 들어 본격화되었는데, 2000년대 후반으로 갈수록 폭발적으로 증가했다. 여기에는 좌파 성향 인사들이 주도했다.

좌파세력은 2008년 5~7월, 3개월 간 광화문광장에서 광우병 촛불시위를 일으켰다. 이로 인해 '미국산 쇠고기를 먹으면 광우병에 걸려, 뇌에 구멍이 뚫린다'는 불안심리가 국민들에게 만연하였다. 이 사건의 후유증으로, 미국산 쇠고기에 그치지 않고 외국산 수입 먹거리 전체에 대한 불신으로 이어졌으며, 대신 국내산 유기농 농산물에 대한 선호로 나타났다. 그 결과, 국내 유기농 농산물 판매를 주로 한 좌파 주도 아이쿱생협 등 유기농유통업체들의 매출액이 수 배로 수직상승했다. 이렇듯 광우병 사태의 여파로 좌파 성향의 대형 유기농유통업체(아이쿱생협, 한살림 등 5개 대형생협)들이 활성화되었는데, 이들과 연계된 유기농 농업과 축산업을 하는 귀촌·귀농인구가 더욱 늘어났다.

특히 지방 마을로 들어가 정착한 좌파인사들은 마을주민들이 생산한 농산물을 좌파 성향 유통망들을 통해 판매해주는 등의 노력으로 마을주민들의 민심을 얻었다. 지역에서 마을학교, 협동조합 등을 운영하며 능력도 인정받아 이장직을 차지하는 등 유지로 성장해 갔다. 이들은 지역 내 영향력과 유권자의 표심을 주도하고 있어, 정치인들이 이들과의 연대와 교류를 무시할 수 없는 상태에 이르렀다. 이러한 요인으로 인해, 강원도, 충청도는 물론 경상도 등 보수적 농촌까지도 서서히 그들에게 우호적 성향과 문화로 바뀌어 간 것이다.

(3) 좌파 성향 교육공동체, 경제공동체 확산

2000년대 들어, 좌파세력은 수도권에서 지방으로, 도시의 마을 등 대한민국 하부로 확산해 갔다. 이때 주민들을 끌어들이는 수단으로 마을학교 등 교육공동체와 협동조합, 사회적기업 등 경제공동체를 가장 많이 활용했다. 이들이 활용한 교육공동체와 경제공동체에 대해 알아보자.

첫째, 지금까지 전국 각지에서 설치된 다양한 좌파 성향의 교육공동체를 주목할 필요가 있다. 좌파 성향의 교육감들이 주도해 2011년부터 설치한 혁신학교는 물론, 그 이전부터 만들어진 대안학교들도 지역별로 좌파 성향을 확산하고 활동가들을 양성하는 역할을 했다고 본다. 특히 마을 곳곳에 우후죽순처럼 만들어지고 있는 마을학교는 좌파 학생들을 배출해 사회주의 사상을 마을 속으로 지속 전파하는 인큐베이터가 되고 있다. 이러한 기반 위에 주민자치회, 좌파 마을공동체가 만들어지는 것이다. 이러한 좌파 성향의 학교들에 속하는 교사들과 학생 모두 주민자치회의 주민이 되기 때문에 주민자치회 설치 시 적극적 참여 활동이 가능하다.

둘째, 좌파세력의 경제생태계를 만드는 주요 수단으로 대형 생협, 다양한 소형 협동조합, 사회적 기업 등이 있다. 먼저, 좌파 성향의 대형 소비형생활협동조합(약칭 생협)이 있는데, 1990년대 말부터 좌파진영에서 만들어 확산하기 시작했다. 대표적인 아이쿱생협도 1998년 좌파세력 6명이 만들었으며, 2007년 '미국쇠고기=광우병' 주장을 했고, 2008년 광우병사태로 먹거리 불안감이 폭발한 결과로 매출액이 5~6배로 급신장, 매출액 5천억 원, 전국적 매장의 대형 생협으로 우뚝 성장했다. 대형 생협에는 아이쿱생협, 한살림, 두레연합, 대학생협연합회, 행복중심생협 등이 있다. 이들 대형 생협은 유기농 농산물 유통을 중심으로 한 것으로, 각 지역별 매장 등 전국조직을 가지고 있다. 이러한 대형 생협은 좌파 성향의 상생 네트워크 구조로 운영되고 있다. 생협이 농촌의 좌파 생산자들의 농산물을 구매하며 좌파인물들을 직원으로 채용한다. 좌파 성향 소비자들이 많이 구매해준다. 이러한 성공적인 대형 생협이 신생 좌파 협동조합에게 기술을 전수하는 맨토 역할을 하는 것이다.

또한, 좌파세력이 주도하는 경제공동체를 이루는데 지역별 소규모 협동조합이 많이 활용되고 있다. 이에는 각종 생산 협동조합, 유통 협동조합, 복지형 협동조합 등이 있다. 다양한 소형 협동조합이 우후죽순처럼 탄생한 것은 이명박 정부가 정권 말기인 2012년 12월 협동조합기본법을 통과해주었기 때문에 가능했다. 좌파세력은 그토록 간절히 바라던 협동조합기본법을 이명박 정부가 통과시켜 주자, 환호했다. 2013년 3월 15일자 프레시안 보도에 따르면, 좌파 인사가 "100년이 지난 후 역사학자들이 이명박 정부의 공으로 두고두고 후하게 평가할 가능성이 가장 큰 일은 바로 협동조합기본법의 시행이다"라고 말할 정도로 호평했다.[4] 이는 좌파세력들이 이 법의 시행을 얼마나 갈망했고, 이 법의 통과에 환호했는지 알 만하다. 특히 박원순 서울시장은 쾌재를 부르며 1년 만에 1,000여 개의 협동조합을 만들었고, 10년 안에 8,000개로 확대하겠다고 발표할 정도였다. 서울시는 협동조합상담센터를 설치하고 신생 협동조합 설치를 적극 지원했는데, 아이쿱생협 등 대형 협동조합으로 하여금

경영 노하우를 전수하기도 하고 행정적, 재정적 지원을 아끼지 않았다. 이러한 서울시의 협동조합 설치운동은 전국 지방자치단체로 확산되었는데, 마을공동체사업을 확산하는 기폭제가 되었다.

협동조합은 독자 창업이 어려운 사람들이 모여 경제공동체를 만들어 이익을 창출하는 방안이지만, 좌파세력이 협동조합을 자신들의 세력을 넓히는 수단으로 적극 활용해서 그들의 전유물처럼 되고 말았다. 좌파세력은 다양한 협동조합 등을 통해 공동수익을 창출할 뿐 아니라 끈끈한 인적 네트워크를 통해 공동구매, 공동소비를

---

4) '그렇다면 이명박 전 대통령은 진짜 공은 무엇일까? 100년이 지난 후 역사학자들이 이명박 정부의 공으로 두고두고 후하게 평가할 가능성이 가장 큰 일은 바로 협동조합기본법의 시행이다. 이명박 정부는 대선을 앞둔 지난 12월 1일 협동조합기본법을 발효했다. 이로써 한국에서는 5인 이상이 결의를 하면 누구나 협동조합의 설립이 가능해졌다.
이 협동조합기본법의 효과는 강력했다. 이 법이 시행된 지 100일이 된 지난 10일 기획재정부는 전국에서 신청된 협동조합만 647건이며, 이 중 74퍼센트인 481건이 신고 수리 또는 인가되었다고 밝혔다. 서울시는 발 빠르게 국내 최초로 네 곳의 협동조합 상담 센터를 만들었고, "앞으로 10년 안에 협동조합을 8,000개로 확대하겠다"는 계획을 내놓았다. 프레시안, "이명박, 바로 이것 때문에 역사가 재평가한다!"([인터뷰] 김성오 한국 협동조합 창업경영지원센터 이사장), 2013.03.21.

통해 이익을 극대화하고 취업이나 각종 정보·기술(노하우)를 공유하는 등 경제공동체를 확장해 갔다. 좌파 성향이 아닌 사람도 경제적 이익을 위해 경제공동체에 들어가 활동하다 보면 자연스럽게 좌파사상에 빠져들어 갔다. 그러므로 협동조합, 사회적기업 등 경제공동체는 좌파세력이 마을주민들을 우군화해서 마을의 체제를 바꾸는 수단으로 활용되고 있는 것이다.

이러한 상황임을 고려할 때, 주민자치회가 결성될 경우 지역별로 구축된 좌파 성향의 경제공동체 네트워크가 강력한 영향력을 행사할 가능성이 높다. 또한 읍·면·동 단위의 주민자치회의 각종 상품 등을 구매(조달)할 경우, 서로 구매, 판매해주기 등 상생 네트워크로 엮어져 정실과 부패를 낳을 가능성이 크다.

(4) 사회주의 마을공동체인 마포 성미산마을모델, 전국 확산과정

좌파 마을공동체의 한국형 모델은 서울시 마포구 성산동, 서교동 등에 위치한 성미산마을이다. 성미산마을은

1994년 일부 젊은 운동권 출신 부모들이 공동육아를 위해 어린이집(제1호: '우리어린이집')을 운영한 데서 출발한 것이다. 이 마을은 2000년대 들어 유창복씨 주도로 사회주의 공동체마을로 확립, 확장한 것이다. 이 마을에 있는 성미산학교는 대안학교로서 12년제(초·중·고 과정)인데, 이 학교를 나오면 일반 사회생활에 적응하기 어렵다고 한다. 성미산학교 등은 공동교육을 통해 마을주민들의 사회주의 정체성을 심는 역할을 해 왔다. 월간조선의 르포 기사에 따르면[5] 이들은 이웃과 교류도 하지 않는다고 했다. 폐쇄된 속에서 그들만의 사회주의 정체성을 12년간 주입했기 때문이다. 이 학교에서는 교사와 학생들이 서로 이름을 부르는 것이 아니라 가명(별명)으로만 부른다. 풍뎅이, 도화지, 애기동물, 하품. 삼돌이. 소피아. 별사탕 등 이상한 별칭으로 호칭한다. 이들은 다양한 협동조합을 만들고 지역 화폐를 사용하는 등 그들만의 경제생태계에서 생활한다. 성미산마을은 공동육

---

[5] 월간조선, "'좌파양성소' 의혹 성미산마을에 가 보니, 그곳은 서울시의 섬이 돼 가고 있다!", 2013.8.

아, 공동교육을 넘어 공동소비, 공동생산, 공동문화행사(연극 등 마을행사) 등으로 확장했다. 이러한 성미산마을은 점차 업종도 늘어나고 합정동, 연남동, 서교동 등으로 지역 범위도 더욱 넓어졌다. 동성애단체 등 각종 좌파 성향 단체들도 여기로 몰려들었다. 이렇게 하여 마포 성미산마을은 사회주의 성향 공동체마을의 선두주자이자 모델이 된 것이다. 이 마을공동체사업은 성미산마을에서부터 서울시 다른 지역으로 전파되고, 나아가 전국적으로 확산되어 간 것이다.

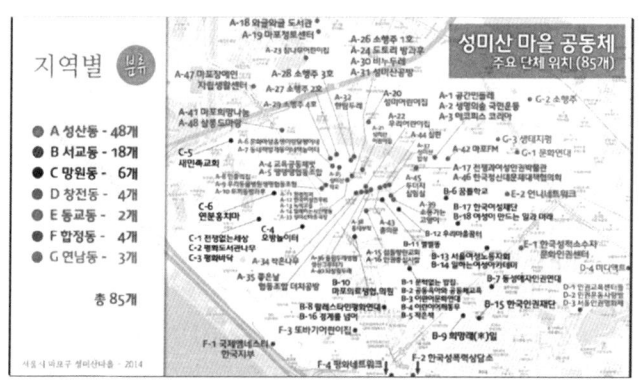

성미산마을 소재하는 좌파단체들

- 교회 : 새민족교회, 섬돌향린교회
- 동성애 인권단체, 퀴어축제 참여단체(11개) : 민중의집, 언분홍치마, 국제엠네스티 한국지부, **마포의료생협.의원**, 인권재단사람, 동성애자인권연대, **서울인권영화제**, 한국성적소수자문화인권센터, 언니네트워크, **마포르**

A : 마포장애인 자립생활센터, 마포희망나눔, 살롱드마랑, 문화마당울랑이랑달팽이네, **동네책개똥이네책놀이터, 와글와글도서관**, 마포정토센터, 참나무어린이집, **교육공동체벗**, **땡땡땡협동조합**, 민중의집, 우리동물병원생명협동조합, 토끼통방과후, 환경정의, 한국여성민우회, 녹색교통, 함께하는시민행동, 성미산마을극장, 좋은날협동조합 더치공방, 인권재단사람, 함땀두레, 성미어린이집, 도토리 방과후, 성미산공방, 성미산 어린이집, 우리어린이집, 충의문, 살판, 성미산밥상, 공간민들레, 생명의숲 국민운동, 에코피스 코리아, 마포르, **두더지 실험실**, 소풍가는 고양이, 울림두레생산그루터기, 되살림두레, 동네부엌, 살판, 충의문, **전쟁과여성 인권박물관**, 한국정신대문제대책협의회, 참나무어린이집
B : 문턱없는 밥집, **공동육아와 공동체교육, 어린이문화연대**, 어린이어깨동무, 작은책, **동성애자인권연대**, 희망래일, 한국인권재단, 서울여성노동자회, 일하는 여성아카데미, 한국여성재단, 여성이 만드는 일과 미래, **팔레스타인평화연대**, 경계를 넘어
C : **전쟁 없는 세상. 평화도서관나무**, 평화바다, 오방놀이터,
D : 인권교육센터 '들', 인권운동사랑방, 서울인권영화제,
F : 평화네트워크, **한국성폭력상담소**.
E : **한국성적소수자문화인권센터**, 언니네트워크.
G : 문화연대, 생태지평

마포 성미산모델이 서울 전역으로 확산된 결정적 계기는 박원순 서울시장의 등장이었다. 그는 2011년 10월 서울시장 보궐선거에서 당선되었다. 박원순 시장은 마포 성미산마을 모델을 서울시 전역으로 확산하기 위해 2012년 9월 서울시마을공동체종합지원센터(약칭 서마종)를 설립했고, 마포 성미산마을을 조성한 유창복씨를 서마종센터장으로 앉혀 서울시 예산으로 마을공동체 만들기에 주력했다. 박원순 시장은 2012년 100여 개의 공

동체마을을 조성했고, 5년 내 975곳의 마을공동체를 조성하고 3,000여 명의 마을활동가를 양성하겠다고 공언했다.

박원순 시장은 공언한 대로 서울시 곳곳에 마포 성미산 마을을 모방한 좌파 마을공동체들을 만들고 마을공동체 사업을 추진했고, 이를 추진할 마을활동가들을 양성해 갔다. 이러한 서울시의 정책은 점차 경기도 등 다른 자치단체로 확산되어 갔다. 특히 좌파 성향의 지방자치단체장이 있는 자치단체에는 좌파 마을공동체사업과 좌파 마을활동가 양성이 보다 더 적극적으로 이루어졌다.

문재인 정권이 등장한 이후, 정부의 적극적 지원으로 좌파 마을공동체가 없는 지역이 없을 정도로 전국적으로 확장됐다. 특히 정부 주도로 전국 읍면동별로 마을활동가 양성교육을 실시해, 좌파 마을활동가들이 폭증했다. 이러한 역량을 강화하는 준비작업을 거친 후, 비로소 주민총회 및 주민자치회 설치, 마을교육공동체, 마을경제공동체, 마을민회 구성 등을 추진하는 것이다. 이러한 좌파 마을공동체는 다양한 좌파형 마을공동체사업을 추진하면서 지역 내 주민들을 그들의 생태계 안으로 끌어들였다. 이들이 추진하는 마을공동체사업들은 겉보기는 마을환경 미화, 마을축제 등 주민들이 좋아할 소재를 내세우지만 뒤에는 주민들을 장악해 체제를 바꾸려는 속내를 가지고 있는 것이다.

03

더불어민주당의 사회주의 성향의 헌법개정 추진

주민자치기본법의 제정과 관련하여 반드시 살펴봐야 할 사항은 더불어민주당이 2018년 2월 제출한 헌법개정안이다. 이 헌법개정안에 보면, 문재인 정권이 생각하는 지방분권이 지향하는 바가 무엇인지 알 수 있기 때문이다. 이때 드러난 지방분권 개념이 주민자치기본법에 스며들어 있다.

문 정권은 2018년 2월 평창올림픽이 개최되던 즈음 헌법개정을 추진했다. 사회주의 성향의 내용으로 의심되는 점들이 여기저기에 들어있었다. 이것이 통과된다면 기존의 대한민국의 자유민주주의체제가 무너지고 체제변혁이 일어날 것이라는 위험성이 컸다. 당시는 이런 위험한 헌법안으로 개정되기 좋은 분위기였다. 문재인 대통령에 대한 국민 지지율이 80%를 넘었고, 야당인 자유한국당마저 헌법개정 협상에 나서겠다는 의지를 보였기 때문이다.

그러나 더불어민주당의 헌법개정안 내용의 문제점이 여론화되고, 그 심각성을 깨달은 반대 국민여론이 기독교계를 중심으로 거세게 일어나면서 겨우 무산되었다. 더불어민주당은 당시 헌법개정에 실패했지만 여건만 되면 다시 발의할 준비를 하고 있다. 그러므로 문재인 정권과 더불어민주당이 당시 발의했던 헌법개정안을 다시 꼼꼼히 살펴보아야 한다. 이것을 보면 문재인 정권이 자유민주주의체제를 허물려 했던 반역적 의도를 보다 분명히 알 수 있다.

(1) 문 정권의 지방분권제 강조, 그 의미는 뭘까?

더불어민주당의 헌법안에 보면, 지방분권에 대한 입장이 잘 녹아 있다. 당시 더불어민주당 헌법개정안을 보면서 의아스럽게 생각했던 것 중의 하나는 헌법 제1조에 지방분권조항이 들어있다는 점이었다.

더불어민주당 헌법개정안 1조 제3항 : "대한민국은 지방분권국가를 지향한다."

저자는 혼자 중얼거렸다. "이상한 일이다. 헌법 1조는 대한민국의 핵심적 가치를 담는 상징적 조항인데, 여기에 어떻게 지방 관련 내용이 포함된 것일까? 지방제도라는 것은 중요도에서 한참 밀리는데... 기본권 조항, 중앙정부기구(대통령, 정부 부처, 감사원), 대법원, 헌법재판소, 선거관리위원회 등 독립기관 등이 기술된 후 가장 뒤쪽에 넣어야 할 사항인데... 참 이상하다. 아마도 지방분권 문제를 체제변혁을 위한 중요한 도구로 쓸 모양이구나"라는 생각이 들었다. 이번에 발의된 주민자치기본법안을 보면서 그때 했던 추측이 타당했다는 느낌이 들었다. 문재인 대통령도 지방분권을 체제변혁의 수단으로 쓸 것을 염두에 둔 듯한 발언을 했다. 그것도 대통령 취임(2017년 5월 10일)한지 불과 한 달여 만에 말이다. 그는 2017년 6월 14일 전국 시·도지사 간담회에서 "연방제에 버금가는 지방분권을 이룰 것"이라고 강조했다.[6] 지방자치단체를 중앙정부로부터 매우 독립적으로 만들겠다는 발언이었다. 그런 영향인지, 헌법개정 분위기가 조성되던 2018년 2월 평창올림픽 당시 '광주공화국' 등 연방제를 상징하는 용어들이 널리 퍼지고 있었다.

민주당 개헌안 제123조 1항에는 "법률이 정하지 않는 조례 제정이 가능하다"는 내용도 있었다. 이는 바로 문 정권이 지방분권을 어떻게 하려는지 속심이 드러난 것이다. 지방정부가 중앙정부로부터 독립된 노선을 취하겠다는 의지였다. 지방자치단체가 중앙정부로부터 독립된 조례를 제정할 수 있도록 하겠다. 즉 독립된 입법권을 가지겠다는 것인데, 지방정부가 중앙정부와 다른 독자적 조세, 경찰(자치경찰), 사법권 등을 갖고 독립적 권력을 행사하겠다는 의지일 것이다. 이것은 중앙정부의 권

---

6) 선진국 중에 미국, 독일, 스위스 등 연방국가가 있지만, 그 나라가 연방체제를 취한 것은 단일정부로의 통합이 불가능하였기 때문에 가능한 최대한의 통합형식으로 연방체제를 취한 것이고, 연방체제가 단일정부보다 낫기 때문이 아니다. 단일정부인 국가를 분할하여 연방체제로 변경한 사례는 존재하지 않는다. 공산세력이 집요하게 체제전복을 추구하고 있는 대한민국에서 정부를 분할하는 것은 전복공작에 동조하는 것에 불과하다.

력을 무력화시키는 것이다.

자유민주주의체제의 법체계 아래서는 헌법 – 법률 – 명령 – 조례 등 법질서에 따라 하위법은 상위법의 근거나 범위 내에서 제정해야 하는데, 이를 무시하겠다는 것은 자유민주주의체제의 법치주의를 허물겠다는 의미로 이해된다. 다시 말하면 지방정부가 중앙정부로부터 독립된 권한을 행사하려는 것은 분명히 깊은 의도가 있을 것이다. 좌파 성향의 세력이 지방풀뿌리조직을 완전 장악한다면 영구히 국가권력을 장악할 수 있을 것이다. 우파 세력이 설사 대통령선거에서 승리하여 중앙권력을 다시 장악한다고 하더라도 체제 교체를 번복할 수 없도록 굳혀놓겠다는 의도로 읽혀졌다.

(2) 더불어민주당 헌법초안의 사회주의 성향 내용

2018년 3월 문재인 정권과 더불어민주당이 발의한 헌법초안을 보고 사회주의체제로 바꾸려는 의도가 있는 것으로 판단한 근거는 무엇인가?

첫째, 일반적으로 자유민주주의국가들은 기본권 향유

주체를 '국민'으로 규정하는데, 문재인 정권의 헌법개정안에는 기본권 향유 주체를 '국민'에서 '사람'으로 바꾸어 놓았다. 이는 주체사상('사람이 주인이다')을 변형한 프레임(북한 헌법의 '사람 중심')을 대한민국 헌법 속에 넣으려는 의도로 보이며, 북한이 주장하는 연방제 통일이 가능하도록 하려는 의도도 있다고 판단된다. 한편, 현실적으로 기본권 향유 주체를 '국민'에서 '사람'으로 바꾸게 되면 기본권(자유권, 참정권, 청구권, 사회적 기본권(교육권, 노동권, 환경권, 복지권리 등))을 외국인도 누릴 수 있다는 의미가 된다. 기본권의 향유 주체가 국민인 것은 당연한데 왜 외국인도 가능한 사람이라는 용어를 사용했을까? 주민자치법령(주민자치기본법안, 주민자치회 조례 등)에서 재외동포(중국 조선족 등)나 외국인도 읍·면·동 주민으로 포함시켜 주민의 권리를 행사할 수 있도록 했다. 조선족, 중국인 등 공산·사회주의 사상을 가진 외국인들을 대거 대한민국 하부로 진입시키려는 의도가 아닌가 의심된다. 더불어민주당은 외국인을 읍·면·동 주민 자격만 주려는 것이 아니고 국민의 자격(국적)이나 정당 활동도 가능하게 하려는 의도를 보이고 있다. 즉, 4년제 대학을 졸업하면 임시국적을 주는 법안과 외국인이 정당 활동을 할 수 있도록 하는 정당법 개정안도 발의한 것이다.

문정권 곳곳 '사람 중심', '사람이 우선'

2019년 말까지 전국 곳곳에
"사람 중심", "사람이 먼저다", "사람이 우선이다"

문재인 정권이 출범한 후 광화문에서 대형 태극기 집회가 열린 2019년 말까지 고속도로 곳곳에 '사람이 우선이다' 라는 표어가 인쇄된 팻말이 나부끼고 있었다. 인도면 모를까 차량이 우선인 고속도로에 '사람이 우선이다'라는 왠 생뚱맞은 표어일까? 도심지 도로나 건물에 붙은 현수막, 홍보물이나 차량 부착물 등에도 '사람 중심', '사람이 먼저다', '사람이 우선이다'라는 표어가 붙어 있었다. 정부, 자치단체, 공기업, 사기업 등의 홍보물에도 '사람 중심 경제', '사람 중심 경영', '사람 중심 행정', '사람 중심 00시(00구)' 등의 표현들이 난무했다. 북한 헌법에서 주체사상을 의미하는 문구인 '사람 중심'이라는 용어와 변종 표현들이 대한민국 모든 분야에 널리 쓰이고 있었다. 주체사상을 의미하는 프레임을 사용하는 것은 대중들을 사상적으로 오염시키기 위한 세뇌의 한 방법이다. 이러한 시도는 2012년 12월 대선 때도 있었다. 당시 문재인 후보는 '사람이 먼저다'라는 주체사상 변종 프레임을 대선 캐치프레이즈로 활용했던 것이다.

둘째, 현행 헌법 19조의 "모든 국민은 양심의 자유를 가진다"는 조항을 "모든 사람은 사상의 자유를 가진다"로 바꾸어 놓았다. '양심의 자유'를 '사상의 자유'로 교체한 것이다. 사상의 자유를 허용한다는 것은 공산주의, 사회주의, 주체사상 등 반체제사상을 자유롭게 연구, 조직, 전파하는 자유를 허용하겠다는 의도다. 더불어민주당은 헌법개정에는 실패했지만 '사상의 자유'를 허용하겠다는 목적을 여러 법률안 속에 이미 삽입해 놓았다. 차별금지법안에는 '사상 및 정치적 이데올로기'에 따른 차별금지를 규정해 놓았고, 주민자치기본법안(김영배 의원 안)에도 '신념'에 따른 차별금지를 규정해 놓았다. 여기에서의 '신념'이라는 것은 '정치적 신념' 즉, 사상과 정치적 이데올로기를 뜻한다. 그래서 더불어민주당 헌법개정안을 무산시켰다고 안심할 일이 아닌 이유이다.

04
문 정권의 지방분권 준비과정

(1) 문 정권, 지방분권제 차근차근 사전 준비

문재인 정권은 지방분권을 통한 체제변혁을 위해 다양한 사전준비 작업을 했다. 우선 2017년 12월 사회주의 공동체 확산과 좌파 마을활동가 양산을 위한 예산을 확보하려 했다. 2018년 3월 청와대 직속 자치분권위원회를 설치한 후 자치단체들과의 협조, 다양한 지방분권정책을 추진했다. 자치분권위원회는 행안부, 교육부 등과 함께 시·도 자치단체와 마을활동가단체들의 협조로 세미나, 박람회 등을 개최하는 등 주민자치, 마을공동체 만들기에 주력했다. 또한, 마을활동가 양성 교육과정을 만들어 주민자치를 실행할 활동가들을 대거 양성했다. 이들이 주민자치회, 마을공동체 등을 운영하는 토대가 되고 있다. 주민자치회는 2013년 지방자치법('주민자치회

시범 실시')에 근거해 극히 일부 지역에서 실시(2016.12, 39개에 불과)한 것인데, 문 정권 등장 후 급속하게 확대하다가 문재인 정권 말기에는 1,200여 개에 이르렀다.

(2) 문 정권, 총선 후 지방분권 입법드라이브

이러한 준비과정을 거친 후 주민자치회 설치를 위한 법제화 작업에 돌입했다. 문 정권은 2020년 12월 지방자치법 전면개정안을 통과했다. 이는 주민자치회 전면 실시를 준비하기 위한 사전 준비작업의 일환이었다. 다만 지방자치법 통과 시 주민자치회를 전면 실시하는 조항을 포함했다가 야당의 반발을 고려, 삭제했었다. 이에 대해 좌파 성향 세력들이 반발이 매우 심했다. 그래서 지방자치법 통과 불과 2달여 만에 주민자치회 설치만을 위한 독립법안을 다시 발의한 것이다. 이것이 주민자치기본법안이다.

문 정권과 좌파 마을활동가들은 주민자치기본법안을 2021년 내에는 반드시 통과시키겠다고 다짐하고 노력했으나, 『주민자치기본법, 공산화의 길목』 출판(2021.3)

과 강의, 그리고 교회를 중심으로 한 주민자치회 반대운동이 일어나면서 강행하지 못했다. 이들은 하는 수 없이 조례를 통해 주민자치회를 확대실시하는 방향으로 나아가고 있다.

03

제3장

주민자치기본법안과 독소조항

현재 조례로 실시되고 있는 좌파 주도
주민자치회의 문제점을 파헤치기 위해서도 주민자치기본법안의
독소조항을 면밀히 검토해야 한다.

◆

01

주민자치기본법, 도대체 어떤 법인가?

주민자치기본법안은 좌파 주도 주민자치회, 주민총회 설치에 관한 법률안이다. 주민자치기본법안의 문제점을 한마디로 정의한다면, 주민자치로 포장한 좌파마을독재법이다. 김영배 더불어민주당 국회의원이 2021년 1월 29일 대표 발의한 주민자치기본법안은 겉으로는 '주민자치', '직접민주주의', '마을민주주의', '주민이 주인이 되는 세상' 등으로 거짓 포장을 하고 있지만 실제로는 좌파세력이 대한민국의 하부구조인 3,500여 개 읍·면·동을 장악하는 좌파마을독재법안이다. 과도하게 표현하자면 3,500여 개의 읍·면·동을 좌파 마을활동가들이 통치하는 '좌파 독재정부'로 만들려는 법안이라고도 할 수 있다. 좌파 활동가들이 스스로 지방분권, 주민자치회 등에 대해 "광주공화국"이니 '마을정부', '동(洞)

정부'니 하는 표현을 쓰는 데서도 알 수 있다.7)

주민자치기본법안이 아직 국회를 통과되지 않았지만 이 법안을 꼼꼼히 검토해야 할 이유는 좌파정치세력과 좌파 마을활동가들이 어떤 마을공동체를 만들려는지, 이를 통해 대한민국 체제를 어떻게 바꾸려는지 잘 알게 해주기 때문이다.

또한, 주민자치기본법안은 비록 통과되지 않았지만, 지

---

7) 제주대 법학전문대학원 신용인 교수는 2021년 2월 22일 〈직접민주주의뉴스〉의 신년특별기고에서 읍·면·동을 준독립적인 마을공화국 상태로 만들 것을 주장했다. 그의 전체 발언을 살펴보면 그가 주장한 마을공화국이 현 대한민국의 체제(자본주의)에 대한 부정을 전제로, 대안모델로 구상한 것으로 보인다. "주민 스스로 마을헌법(자치규약)을 만들고 자율적으로 마을정부와 마을기금을 운영하며 수준 높게 자치를 누리는 읍·면·동 마을공동체가 마을공화국이다. 우리나라에는 3,500개의 읍·면·동이라는 마을이 있다. 만일 전국의 마을 하나하나가 고도의 자치권을 누리는 마을공화국으로 탈바꿈한다면 집중모순으로 중앙에 쏠린 권력과 부는 전국 3,500개 읍·면·동으로 골고루 분산될 것이다. 그 경우 3,500개 읍·면·동 주민 모두가 권력과 부를 고르게 누리며 스스로를 다스리고 다른 이에게 부림을 받지 않는 주권자의 존엄을 가지며 살게 될 것이다. 우리 모두가 권력과 자본의 지배를 받는 피지배자인 백성의 삶이 아니라 권력과 부를 다스리는 주권자인 시민의 삶을 당당하게 누리게 될 것이다. 그때 우리나라는 참다운 민주공화국이 될 것이다." 신용인(제주대학교 법학전문대학원 교수), 「마을공화국과 주민자치 관련 법안」, 2021. 2. 22. - 그가 김영배 의원이 대표발의한 주민자치기본법안이 원래 구상했던 것보다 후퇴했다고 아쉬워한 대목을 보고 놀랐다.

방의회가 제정하는 조례를 통해 1,200여 개 읍·면·동에서 좌파 주도 주민자치회가 실시되고 있다. 현재 조례로 실시되고 있는 좌파 주도 주민자치회의 문제점을 파헤치기 위해서도 주민자치기본법안의 독소조항을 면밀히 검토해야 한다.

02

주민자치기본법안, 독소조항 집중분석

(1) 주민자치기본법의 가장 큰 독소조항은 제7조(주민의 자격)이다.

'김영배 의원이 발의한 주민자치기본법안에서 가장 심한 독소조항은 무엇이냐?' 하면, 제7조 '주민의 자격' 조항이라고 할 수 있다. 핵심은 가짜주민들이 읍·면·동 주민자치회를 장악, 진짜주민들을 통제한다는 점이다.

지금까지 주민이란 해당 읍·면·동에 살면서 주민등록을 한 사람만을 의미했다. 그런데 주민자치기본법안(제7조)이나 현재 시행 중인 주민자치회 조례 등을 보면 '주민'의 자격을 크게 완화했다. 그 읍·면·동에 주소가 없고 주민등록이 되어 있지 않은 가짜주민들도 '생활주민'이라는 이름으로 대거 주민으로 받아들인 것이다. 새로 들어오는 가짜주민그룹으로는 △등록된 재외동포와 외국인, △해당 읍·면·동에 소재하는 기관이나 사업체의 모든 직원, △해당 읍·면·동에 소재하는 모든 학교의 학생과 교사, 교수, 교직원 등이다. 그야말로 주민의 담을 헐어버린 것이다. 그 읍·면·동에 살지 않고 주민등록이 없어도 마음만 먹으면 그 동네에 들어와 주민으로 활동할 수 있도록 해 놓은 것이다.

가짜주민들이 대거 마을에 들어오면 어떤 문제가 있을까?

가짜주민들이 주민총회, 주민자치회를 주도할 것이다. 그래서 가짜주민들이 마을권력을 가지고 진짜주민들을 억압하고 통제하는 역전현상이 일어난다. 주민총회나 주민자치회 활동은 낮에 이루어지는데, 주된 참여자는 낮에 그 마을에서 직장생활을 하는 가짜주민들이다. 즉, 진짜주민들은 낮에는 직장이 있는 다른 지역에 가 있어 주민자치회, 주민총회 참여가 어려운데 반해, 가짜주민들은 그 마을에서 직장생활을 하기 때문에 낮에 하는 주민총회, 주민자치회 활동에 적극 참여할 수 있다. 그러므로 주민자치회, 주민총회는 가짜주민들에 의해 주도

되고, 진짜주민들은 소외당하고 통제받는 존재로 전락한다.

더욱이, 진짜주민들은 이웃과 서로 잘 모르는 모래알과 같은 존재라면 가짜주민들은 그 읍·면·동에 있는 직장에서 같이 근무하기 때문에 서로 잘 알고 의사전달이 쉽기 때문에 단체행동이 용이하다. 그래서 주민총회, 주민자치회를 쉽사리 장악할 수 있는 것이다.

중국조선족 등 재외동포와 외국인들의 주민권 남용이 우려된다.

주민자치기본법안은 헌법과 국적법상 주권이 없는 재외동포와 외국인에게도 읍·면·동의 주민 자격을 부여하고 있다. 주권이 없는 재외동포와 외국인에게 공민권을 주는 것은 헌법 위반으로 판단된다. 2018년 3월 제시한 더불어민주당 헌법 초안에는 기본권을 누리는 주체를 '국민'에서 '사람'으로 바꾸어 놓았다. 대한민국 헌법이 보장하는 기본권을 국민만이 아니라 외국인도 누릴 수 있다는 의미가 된다. 왜 외국인에게 국민들이 누리는 헌법상 기본권을 부여한 것인지 당시는 도저히 이해할 수 없었다. 그러나 주민자치기본법안을 보면서 왜 문재인 정권이 기본권 향유 주체를 '국민'에서 '사람'으로 바꾸었는지 알 수 있었다. 그 법안이 재외동포나 외국인에게도 주민의 자격을 부여하고 주민자치회장이 될 수 있도록 한 것을 보니 다분히 의도적인 포석이었음을 알 수 있었다.

왜 재외동포(특히 조선족), 외국인에게 대한민국 국민이 누리는 주민권을 부여했을까? 아마도 조선족, 중국인 등 사회주의세력을 대한민국 하부 마을에 지속적으로 유입시키기 위한 것이 아닐까 의심된다. 대한민국을 사회주의체제로 교체하기 위해서는 우선 사회주의를 반대하는 우파세력은 지속적으로 해외로 이탈시키고 사회주의체제에 우호적인 세력을 지속적으로 유입시키는 인종교체 작업을 해야 하기 때문일 것이다. 그런 측면에서 외국인도 정당 활동을 할 수 있게 한 정당법 개정안이나 4년제 대학을 졸업하면 임시국적을 주려고 한 법률안 발의, 외국인 노동자우대 조례 발의 등이 그런 목적이 아닐까 생각한다.

또한 중국조선족(100여만 명) 등 재외동포와 중국유학생(7만여명), 이슬람권 장기체류자(20만여 명) 등이 읍·면·동 주민자치회에 참여하게 된다면 어떤 일이 일어날까? 조선족과 중국인들은 기본적으로 공산주의 사상을 가지고 있고, 중국 공안당국의 지시에 따라 집단행동을 할 것이다. 따라서, 조선족, 중국인들이 있는 지역에서는 차이나타운 반대운동, 공자학당 반대운동 등 차이나아웃운동이 불가능할 것이다. 오히려 이들이 차이나타운 설치운동, 사드 반대투쟁, 촛불시위 참여 등 친중정책, 친사회주의운동을 벌일 수 있다. 특히 안산시, 서울 영등포구 등 조선족 및 중국인 밀집지역에서는 주민총회, 주민자치회 등 마을공동체가 이들에 의해 주도될 가능성이 높다. 또한, 이슬람 난민, 이슬람권 유학생 등 이슬람 장기체류자들(20여만 명)이 주민으로 참여하게 되면, 대구 대현동처럼 기독교인들의 이슬람 사원 건립 반대운동은 불가능할 것이고, 전국적으로 이슬람 사원 건립운동, 이슬람 전파활동, 이슬람인 거주단지 설립이 확산될 것이다.

3,500여 개의 읍·면·동은 민노총 공화국이 될 수 있다.

주민자치기본법 제7조(주민의 자격)에 따르면, 해당 읍·면·동에 소재하는 '기관, 사업체'에 근무하는 모든 사람들에게도 주민의 자격을 부여했다. '기관'이란 정부기관, 공공기관은 물론 민간기관까지 포함한다. '사업체'란 공기업이나 민간기업을 다 포함하는데, 민간기업도 대기업, 중소기업, 협동조합, 사회적 기업은 물론 1인 기업까지 포함한다. 인허가를 받지 않는 기업, 불법기업도 포함한다. 기업의 지점, 출장소, 대리점도 독립된 사업체이다. 이 규정에 따르면, 누구나 마음만 먹으면 주민이 될 수 있다.

읍·면·동에 소재하는 대기업, 중소기업 등 사업체의 모든 사람(경영자와 근로자)이 통째로 읍·면·동 주민이 된다. 따라서 해당 사업체의 노조가 주민자치회에 큰 영향력을 행사할 수 있다. 그럴 경우, 민노총의 읍·면·동 조직이 필연적으로 만들어질 것이다. 민노총은 회원수 120여만 명에 이르는 한국 최대의 조직이며, 16개 산별 노조(금속노조, 언론노조, 전교조, 공무원노조 등)가 있다.[8] 지역별 조직으로는 시·도별 조직(지역본부 16개)과 시·군·구 조직(지구 협의회 41개)까지 만들어져 있는데, 앞으로 읍·면·동 조직까지 만들어진다면 어떤 일이 벌어질까? 민노총은 정부에 대항할 가장 강력한 조직으로 우뚝 서고 대한민국 하부까지 완전히 장악할 수 있다. 그야말로 대한민국은 민노총공화국이 완성되는 셈이다.

민노총은 강령에 보면, 정치세력화를 지향한다고 밝히고 있다. 민노총은 각종 문건, 행사 등을 통해 마르크스 사상, 베네수엘라 사회주의, 주체사상 등 사회주의국가들을 지속적으로 연구해온 좌파단체의 대명사다. 민노총은 최근 '체제전환'이라는 용어를 내세우며, 정부에 주택의 50% 국유화 입법화를 요구하는 등 자유민주주의, 자유시장경제체제 허물기를 노골적으로 내세우고 있다. 특히 2020년 12월 당선된 양경수 민노총 위원장은 이석기가

---

8) 16개 산업별 노조 : 전국건설산업노조연맹, 전국공공운수노조, 전국공무원노조(전공노), 전국교수노조, 전국금속노조연맹, 전국대학노조, 민주일반연맹, 전국보건의료산업노조, 한국비정규교수노조, 전국사무금융노조연맹, 전국서비스산업노조연맹, 전국언론노조, 전국여성노조연맹, 전국교직원노조(전교조), 전국화학섬유노조연맹, 전국정보경제서비스노조연맹.

나온 한국외대 용인캠퍼스의 학생회장을 역임했고, '이석기석방 경기공동행동' 대표를 역임한 경기동부연합(이석기 그룹) 소속 인물이다. 이석기세력이 민노총을 완전히 장악한 상태다. 민노총이 전국 읍·면·동 주민자치회마저 장악한다면 대한민국 하부는 빠른 속도로 사회주의로 체제변혁과 함께 북한체제로 흡수, 적화통일의 길로 달려갈 것이다. 민노총은 오래 전부터 북한이 주장하는 국가보안법 철폐, 주한미군 철수, 평화협정 체결을 통한 연방제 통일방안 등 적화통일 노선에 동조해왔다.9)

제3장 _ 주민자치기본법안과 독소조항

모든 학교가 전교조에 의해 '정치학교'로 변할 것이다.

주민자치기본법안 제7조(주민의 자격)에 따르면, 해당 읍·면·동에 있는 모든 학교(초등학교는 제외)의 교사·교수 등 교직원과 학생을 통째로 읍·면·동 주민자치회 활동을 할 수 있게 했다. 현재 중·고교 수는 5,600여 개, 학생 수는 260여만 명이고, 대학생, 전문대생까지 포함하면 재학생 수만 500여만 명에 이르는데, 이들이 주민자치회, 주민총회 주도세력으로 부상할 가능성이 높다.

중학교 이상 모든 학교의 교사와 학생이 통째로 같은 읍·면·동의 주민이 된다면 어떤 일이 벌어질까? 아마도 전교조 교사들은 학생들에게 "우리는 같은 주민으로

---

9) 민노총은 2007년 8월 31일 – 9월 1일간 대전 동구 청소년 자연수련관에서 개최한 통일일꾼 전진대회에서 "노동자가 앞장서서 연방통일조국 건설하자"는 결의문 통해 아래와 같은 과제 제시 (《2007민주노총의 요구와 과제》)
① 국가보안법 철폐, 주한미군 철수, 평화협정 체결을 통한 연방·연합제 통일 주장
② 평택미군기지 이전 확장 반대, 한미합동군사훈련 중단, 유엔군사령부 즉각 해체, 한미행정협정 및 한미상호방위조약 개폐, 국정원 등 안보기관 전면적 해체 촉구

서 주민의 참여가 중요하다"며 그 지역의 문제를 소재로 토론도 하고 함께 주민총회에도 참석시킬 가능성이 높다. 선거 때는 아마도 학교 교실은 정치학교, 선거학교가 될 가능성이 크다.

조례에 의해 주민자치회, 주민총회가 운영되는 것은 1,200여 개의 읍·면·동인데, 주민총회 참석 나이 기준은 시행규칙으로 정하고 있어, 각기 다르다. 일반적으로는 15세에서 18세로 하지만 10살, 8살 등 초등학교 저학년생들에게도 주민총회에 참석할 수 있도록 해 문제점을 던져주고 있다. 초등학교 저학년들이 주민총회에 참석하여 '읍·면·동 주민자치회 연간계획 승인'이나 '주민세 균등분 환원사업 결정' 등을 의결할 수 있을까? 누군가 이들에게 지침을 주지 않을까?

일반 주민들은 여러 주민자치회로부터 중첩적 통제를 받는다.

김영배 의원이 발의한 주민자치기본법안 제7조(주민의 자격)에 따르면, 한 사람이 여러 주민자치회에 소속된다. 자신이 사는 주소지 주민자치회에도 소속되고 직장이 있는 주민자치회에도 소속되는 것이다. 한 사람이 3개 이상의 주민자치회에 속할 수 있다. 이는 주민 한 사람이 여러 주민자치회로부터 중첩적으로 감시·통제받을 수 있다는 것을 의미한다. 코로나19 방역을 위해서라며, 주거지 주민자치회와 직장이 있는 주민자치회로부터 동시에 전화나 직접 방문 등을 통해 백신 주사 여부 등을 확인하고 주소지 이전, 생활 이동경로 등을 중복 확인하는 광경을 생각해보라. 개인의 자유가 심대하게 침해될 수 있다.

한 사람이 여러 주민자치회에 소속되는 것이 갖는 부작용을 생각해보자. 주민자치회들은 소속 주민들을 통제하기 위해 주민들의 신상정보를 파악할 것이다(주민자치기본법 제10조 제6항). 한 주민이 다른 주민자치회에도 속하기 때문에, 관련 주민자치회들은 해당 주민의 정보를 서로 공유하게 될 것이다. 반대로 좌파 마을활동가들의 경우는 여러 주민자치회에 중첩적으로 활동할 수 있다.

이렇듯 주민자치회 간 개인정보의 공유, 좌파활동가 중첩 활동 등이 일어나면, 3,500여 개의 읍·면·동 주민자치회들은 그물망처럼 촘촘하게 네트워크 구조로 연결되고 전체주의 시스템으로 운영될 것이다.

아니나 다를까 주민들의 정보를 공유, 종합관리하는 별도 법안들이 발의되고 있다. 진선미 더불어민주당 의원이 발의한 '마을공동체 기본법안'(2021. 1)에는 행안부장관이 마을공동체 종합정보지원시스템을 구축·운영하도록 했고, 서영교 더불어민주당 의원이 발의한 '마을공동체 및 지역사회혁신 활성화 기본법안'(2021. 11)에도 행안부장관이 종합정보시스템을 구축·운영할 수 있도록 했다. 주민자치회가 주민에 대해 수집한 정보를 전국적으로 통합 관리하는 기구 설치를 하는 법안이라 할 것이다. 겉으로는 주민자치, 마을민주주의로 포장하지만 실질적으로는 전국 3,500여 개의 읍·면·동 주민들의 정보를 전체주의적으로 통제, 관리하겠다는 숨은 의도가 있는 것이다. 종합정보시스템 운영도 아마 좌파세력이 관리 통제할 것이다. 이것이 바로 공산·사회주의 조직원리인 '민주적 중앙집중제'가 구현되는 것으로 평가할 수 있다.

(2) 주민자치회, 누가 장악하는가?
주민자치회를 장악하는 좌파 마을활동가

주민자치기본법안이나 주민자치회 조례 등에 따르면, 주민자치회에 대해 '주민자치', '마을민주주의', '주민이 주인이 되는 세상' 등으로 포장을 하나 실제 그 마을에 사는 진짜주민들은 통제받는 존재일 뿐이다. 주민자치회, 주민총회를 장악하는 것은 좌파 마을활동가들과 가짜주민들이다.

이전의 주민자치위원회는 동네 유지들도 얼마든지 운영할 수 있는 단순한 업무였다면, 문재인 정권이 추진하는 주민자치회는 복잡하고 강력한 권한과 재정권을 보유한다. 따라서, 아마추어 진짜 주민들로서는 주민자치회 업무를 감당하기 어렵고, 좌파 전문프로 활동가들이 장악할 수밖에 없는 것이다. 좌파 마을활동가들은 상당한 논리와 조직운영 능력, 보고서 작성능력, 주민설득능력,

투쟁력 등을 가진 '프로'들이 많다. 주민들은 물론 읍·면·동장, 심지어 지방의원들조차도 그들에게 휘둘릴 것이다.

또한, 제10조 제2항에는 "주민자치회는 필요에 따라 주민자치 활동 주제에 따른 분과와 읍·면·동 지역 내 생활권에 따른 분회를 설치할 수 있다"고 규정하고 있다. 여기서 분과란 특정 주제별, 기능별로 조직하는 하위기구이다. 읍·면·동별로 필요에 따라 다양한 분과를 둘 수 있다. 예를 들어 환경분과, 복지분과, 인권분과, 아동분과, 교통분과, 노동분과 등이 대표적이다. 이러한 분과조직은 기존의 주민자치회 조례의 경우를 참고하면, 위원들(30-50여명)이 각 분과장을 맡으며, 각 분과는 대체로 30여 명 정도의 규모이다. 이러한 분과들은 평소 읍·면·동에 내에서 중소기업, 자영업자, 교회, 우파단체 등을 감시, 감독하는 역할을 할 것이다. 특히 울산, 인천, 부천, 안산 등 기업들이 많은 읍·면·동이라면 환경분과, 인권분과, 노동분과 등에 좌파 노동단체, 환경단체, 인권단체 등이 많이 참여하고 기업들에 대한 감시, 통제하는 활동을 할 것이다.

주민자치기본법 제10조 제2항에 따르면, 주민자치회는 읍·면·동 지역 내 생활권에 따른 분회를 둘 수 있다. 분회는 통·리, 공동주택단지 등 소규모 생활권별 조직인데, 서로 얼굴을 아는 작은 범위여서 주민들을 밀착 감시하는 수단이 될 수 있다.

좌파 마을활동가의 주민자치회 장악은 좌파 영구집권 목적

주민자치기본법안에 따르면, 주민자치회는 정부나 자치단체로부터 운영 경비의 전부 또는 일부를 지원받기도 하고, 기부금을 받을 수도 있으며, 수익사업을 할 수 있도록 했다. 더구나 국가와 자치단체로부터 부동산 등 재산을 매수하거나 무상임대하여 수익사업에 활용할 수도 있다. 주민자치회는 이 수익들의 일부를 주민들에게 분배하여 주민들의 환심을 사서 모든 선거에서 압승하는 시스템을 구축할 수 있다.

좌파세력이 3,500여 개의 읍·면·동 주민들을 완전히 장악할 경우, 선거마다 승리, 영구집권이 가능하다. 특히 일정 규모의 국민(예를 들어 50만명)이 발의를 하면 국회의원을 해임할 수 있도록 한다든가(국민소환제), 일정 규모의 주민이 발의하면 단체장과 지방의원을 해임할 수 있도록 한다는 규정(주민소환제)을 둘 경우, 어떤 국회의원, 단체장, 지방의원도 그들에 종속되지 않을 수 없다. (2018.2 더불어민주당 헌법개정 초안에 국회의원의 국민소환제 삽입)

(3) 좌파활동가 주도 주민자치회로부터 피해받는 대상들
교회들이 큰 피해를 볼 것이다.

우리나라에는 7만여 개의 교회, 30여만 명의 목회자, 1,000여만 명의 성도가 있다고 한다. 이 엄청난 규모의 교회들과 목회자들, 성도들은 차별금지법에 대해서는 교회를 박해하는 법으로 생각하고 적극적인 저항행동을 해 왔다. 그런데, 주민자치기본법안 등 마을공동체 관련 법에 대해서는 소극적이다. 이는 그 내용을 잘 모르기 때문인 경우가 많지만, 알고 있더라도 "정치간여 아니냐?"며 회피하는 경향 때문이기도 하다. 정치에 대한 회피 행동은 정교분리원칙에 기인한다. 정교분리원칙은 한국교회와 목회자, 성도들을 움직이지 못하게 만드는 족쇄이다. 그래서 차별금지법안 비판에는 적극적이던 교인들이 주민자치기본법, 주민자치회 조례 등 좌파 마을공동체 관련 법안 비판에는 소극적인 것이다. 이 족쇄를 풀지 않으면 이것 때문에 대한민국 교회가 맥없이 무너질 수 있다.

주민자치기본법안은 미니차별금지법('평등법')이라고 할 만큼 그 안에 성적 차별금지를 내포하고 있다. 주민자치기본법이 통과되는 순간 차별금지법이 통과되는 것과 같은 결과를 낳는다.

그런데, 더 큰 문제는 주민자치기본법이 차별금지법보다 교회를 더 고통스럽게 할 수 있다는 점이다. 목회자, 교사, 성도들이 차별금지법을 위반할 때는 국가 권력으로부터 감시, 처벌을 받지만 주민자치기본법을 위반할 때는 같은 마을에 있는 주민자치회(분과, 분회)와 이웃 (좌파) 주민들로부터 감시, 고발을 당하여 처벌받기 때문이다.

주민자치기본법안 제8조 제1항은 '성별, 신념, 종교, 인종 등...에 따라 차별받지 않는다'라고 규정하고 있다. 좌파 마을활동가들의 자료에 따르면, 성별이란 남녀성별을 의미하는 것이 아니고 동성애 등 수십 가지의 다양한 성적 지향을 내포하는 '젠더 개념'으로 이해하고 있다. 그러므로 이 법이 통과되면 그간 교회들이 해온 동성애 반대 활동 등이 불가능해지고 동성애 결혼 주례 요청을 거절하면 처벌받을 것이다. 교회의 주일학교에서 양성 개념을 가르치면 고발당할 수도 있다.

'신념'에 따른 차별금지 조항은 '사상'에 따른 차별금지를 의미하는 것으로 이해된다. 신념이란 정치적 신념 즉, '사상'을 말한다고 본다. 그 근거의 하나로 차별금지법안을 들 수 있다. 차별금지법안에는 '신념'이라고 하지 않고 '사상과 정치적 이데올로기'라고 노골적으로 표현한데서도 알 수 있다. 차별금지법안은 성별, 사상과 정치적 이데올로기, 인종, 종교 등 23가지 항목에 따른 차별금지를 규정하고 있다. 더욱이 문재인 정권과 더불어민주당이 2018년 3월 발표한 헌법개정안에서 '양심의 자유'를 '사상의 자유'로 바꾼 데서도 알 수 있다.

따라서, 주민자치기본법안이 통과된다면, 마을에서 '사상의 자유'가 보장될 것이다. 즉, 마을에서 주체사상, 사회주의, 공산주의를 연구, 선전하는 조직들이 등장하여 북한을 선전하는 모습들이 나타날 것이다. 국가보안법은 사실상 사라지는 등 대한민국 체제방어장치가 허물어지는 결과를 낳는다.

'종교'에 따른 차별금지 조항으로 인해, 대구 대현동 이슬람사원 건축 반대 활동이나 이단 비판 활동은 불가능할 것이다. 주민자치회는 교회에 혐오의식을 전파하며 소음을 핑계로 한 통성기도 금지, 코로나 방역을 핑계로 한 예배방해, 세무사찰 등 온갖 탄압을 가해할 수 있다.

기업들이 큰 피해를 볼 것이다.

우리나라에는 대기업, 중소기업 등 많은 기업들이 있는데, 본사도 있고, 다양한 공장들도 있으며, 이를 뒷받침하는 하청공장들이나 서비스업체들도 있다. 이러한 모든 업체들은 각기 3,500여 개 읍·면·동 중 어딘가에는 소속되어 있다.

좌파 마을활동가 및 좌파단체가 주도하는 주민자치회가 정착되면 읍·면·동에 소재하는 기업들은 지금까지 겪지 못했던 매우 어려운 상황에 직면할 것이다. 지금까지 없었던 민노총 읍·면·동 조직이 만들어져 기업을 옥죌 것이고, 민노총과 더불어 각종 좌파환경단체, 좌파인권단체 등은 주민자치회 소속 각종 분과조직(노동분과, 환경분과, 인권분과, 복지분과 등) 활동을 통해 해당 지역에 소재하는 기업들을 감시하거나 위반사례를 트집 잡아 고소·고발하는 등 압박을 가할 가능성이 높다. 주민자치기본법안 제13조 제3항에 따르면, 주민자치회는 기부금을 받을 수 있는데, 해당 읍·면·동 소재 기업들이 '봉'이 될 가능성이 높다. 마을에서 좌파 부패생태계가 만들어질 것이다.

또한, 주민자치회는 수익사업도 할 수 있는데(제13조 제3항), 경쟁업종 기업들이 피해를 볼 것이다. 주민자치회는 자체 사업이나 마을기업들에서 만드는 상품을 구매해 줄 것을 기업들에게 강요할 가능성도 있다. 마을에서 무소불위의 권한을 가진 주민자치회가 주도하는 업체의 수익사업에 해당 읍·면·동에 있는 기업들이 협조하지 않을 수가 없을 것이다.

특히 주민자치기본법안 제21조(국·공유 재산 활용 특례)에는 '국가와 지방자치단체는 국·공유 재산이 필요하다고 인정되면 주민자치회에 우선 매각, 무상으로 대여, 사용케 할 수 있다.'고 규정하여 부동산 소유, 활용을 합법화하고 있다. 그러므로 주민자치회는 국가, 자치단체로부터 매입, 무상 임대받은 부동산을 가지고 수익사업을 할 수도 있다. 공공농장, 공공주택사업 등 다양한 부동산 개발, 임대사업을 할 수 있을 것이다. 이로 인해 경쟁하는 중소기업들은 큰 피해를 당할 수 있다.

자영업자들이 가장 큰 피해를 볼 것이다.

주민자치기본법안(김영배법안)에 따르면, 주민자치회는 자체 수익사업을 할 수 있는데(제13조 제3항) 업종제한을 두지 않았다. 그러므로 도시재생 리모델링사업, 부동산 중개업, 지역 특색식당 등을 경영하거나 보유 부동산을 가지고 공공주차장, 힐링센터, 수련원 등을 직접 운영하거나 공공장터, 공공마켓, 농수산물시장 등을 개설하여 마을기업들에게 저가 임대할 수도 있을 것이다. 주민자치회가 간여하는 사업들은 주민밀착형 사업일 것이고, 기존 자영업자들에게 큰 타격을 줄 수 있다. 주민자치회가 소유한 부동산 등 재산을 마을기업들에게 무료 또는 저가로 임대할 경우, 정상적인 임대료를 내는 일반 자영업자들에게 큰 타격이 될 것이다.

04

제4장

조례로 시행되는 주민자치회, 핵심 독소조항

주민자치회 조례들은 주민자치기본법의
가장 핵심적인 독소조항인 제7조의 '주민의 자격' 부분을
그대로 수용하고 있다

◆

주민자치기본법안(김영배법안)은 그 심각한 독소조항에 대한 국민들의 저항운동으로 인해 일단 저지되었지만 결코 추진을 포기한 것이 아니다. 2년이 되든 5년이 되든 여건을 만든 후 반드시 그 꿈을 이루려 할 것이다. 그래서 안심할 수 없는 것이다.

그런데, 사실은 주민자치기본법안에 있는 독소조항을 담은 주민자치회 조례가 이미 상당수 시행되고 있는 실정이다. 주민자치기본법은 통과되지 않았지만 그 독소조항은 조례에 의한 주민자치회 운영을 통해 우회적 방법으로 실현되고 있는 것이다.

01
주민의 자격 부분

주민자치회 조례들은 주민자치기본법의 가장 핵심적인 독소조항인 제7조의 '주민의 자격' 부분을 그대로 수용하고 있다. 즉, 대한민국 국적이 없거나 해당 읍·면·

동에 주소도 없고 주민등록이 되어 있지 않은 가짜주민들도 주민의 자격을 가지고 주민행세를 할 수 있도록 하고 있다.

서울시 은평구 녹번동의 주민총회 안내문에 보면, "주민이라 함은 녹번동에 주민등록이 되어 있는 사람 또는 녹번동에 소재하는 사업장, 기관, 단체, 학교에 속하는 사람, 등록 외국인을 말합니다."라고 기술하고 있다. 이는 주민자치기본법안에서 규정한 것처럼 조례에 의한 주민자치회에도 가짜주민들이 주민행세를 할 수 있도록 한 것이다. 이로 인해 민노총 조직, 전교조 조직, 각종 좌파 단체들(좌파 인권단체, 환경단체, 동성애단체, 각종 협동조합, 사회적 기업, 좌파 마을학교 등)에 소속된 가짜주민들이 대거 주민총회, 주민자치회 등에 활동할 수 있게 되는 것이다.

02
주민총회

▷**주민총회 평일 낮 개최로 인해 진짜주민의 참여 곤란**

주민총회를 실시하는 홍보전단지를 보면, 주민총회를 주로 평일 낮에 개최하고 있다. 해당 읍·면·동에 실제로 사는 주민들은 낮에 그 마을에 없는 경우가 많다. 왜냐하면 직장이나 사업으로 인해 다른 지역에 가 있기 때문이다. 그러나 다른 지역에 살지만 해당 읍·면·동에 직장이나 학교가 있는 사람들은 이 지역으로 출근하기 때문에 낮에는 이 지역에서 생활을 한다. 이들은 '생활주민'이라고 하는데, 이 마을에 주민등록이 되어 있지 않은 가짜주민들이다. 주민총회나 주민자치 관련 행사들이 주로 낮에 이루어지기 때문에 진짜주민은 참여하기 힘드나 가짜주민들은 손쉽게 참여할 수 있다. 자연스럽게 주민자치회, 주민총회는 가짜주민들의 손에 좌지우지되는 것이다.

〈대전시 유성구 내 동(洞) 주민총회 일정표〉

▷주민총회 참가 나이 문제

주민총회 참여 나이 기준은 읍·면·동별로 시행규칙으로 정하고 있는데, 읍·면·동별로 천차만별이다. 만 15세에서 18세 정도가 많으나 만 10세, 12세 등 초등학생들을 포함시키는 경우도 제법 있다. 서울시 서대문구 연희동, 은평구 갈현2동처럼 '만10세 이상'으로 되어 있는 데도 있다. 심지어 울산시 중구 병영2동처럼 '만 8세 이상'로 되어 있는 데도 있다. 만 8세라면 초등학교 2학년인데, 이들이 주민자치회 활동 평가, 자치계획안 등에 대해 이해하고 투표를 할 수 있는가? 만 8세, 만 10세가 과연 주민총회에서 제대로 된 의사결정을 할 수 있을까? 왜 이러한 어린이들을 주민총회에 참여할 수 있도록 한 것일까?

우선, 울산시 중구의 주민자치회 조례를 통해 병영2동에

적용하는 주민총회에서 무엇을 의결하는지를 살펴보자.

울산시 중구 주민자치회 설치 조례 – 주민총회 부분
제21조(주민총회) ① 주민총회는 연 1회 이상 개최하며, 주민자치회에서 의결된 안건을 상정한다.
② 주민총회는 다음 각 호에 관한 사항을 결정하는 권한을 가지며, 제1항에 따라 상정된 안건은 참석 주민 과반수 찬성으로 결정한다.
1. 주민자치회 활동 평가
2. 동 행정사무에 대한 의견제시
3. 동의 다음년도 자치계획안
4. 기타 지역 현안, 주민자치, 민관협력 등에 관한 사항의 보고 등

8살 어린이가 과연 이러한 내용을 결정하는 주민총회에 참여해 투표권을 행사할 수 있을까? 이러한 학생들을 참여시켜 정치교육의 장으로 활용하고, 학생들이 좌파 교사나 좌파 마을활동가들의 지시에 따라 투표권을 행사할 것은 불 보듯 뻔한 일이다.

더욱이, 울산시 중구 주민자치회 조례를 살펴보면 이해

가 되지 않는다. 울산시 중구의 주민자치회 조례에 따르면, 위원의 자격 부분에 '만 19세 이상'이라고 분명히 못 박고 있고, '해당 동에 소재한 각급 학교, 기관·사업체의 임직원'이라고 규정하고 있다. 학생이 포함될 수 없도록 되어 있다. 그런데, 무엇을 근거로 8살짜리 학생을 주민총회에 참석할 수 있도록 한 것인가?

▷주민총회 성회 기준 문제

주민총회가 성사되는 기준은 조례에 따라 다르나, 대체로 전체 주민의 1/100, 2/100 정도만 참여하면 된다. 서울 은평구 녹번동은 전체 주민의 1/100 이상이 참석하면 주민총회가 성사되는 것으로 하고 있다. 1/100이란 전체 주민의 극소수이다. 주민이 2,000명인 면이라면 20명만 참석하면 되고, 주민이 5,000명인 읍이라면 50명만 참석하면 되며, 주민이 1만 명인 중소도시의 동이라면 100명만 참석하면 되고, 주민이 3만 명 정도인 대도시의 경우라도 300명만 참석하면 된다.

이렇게 적은 인원만 참석하면 되니까, 좌파 마을활동가

들은 우호적 주민들을 대거 불러들여 멋대로 주민총회를 개최, 결의할 수 있는 것이다. 더욱이 주민자치회가 읍·면·동에 소재하는 좌파단체, 기관, 학교의 학생, 중국 공안에 조종되는 조선족(110만여명)과 중국인(근로자, 유학생 등) 등에게 주민 자격을 부여하고 있다는 점을 고려한다면, 가짜주민에 의해 주민총회 의결이 지배될 것이다. 주민총회가 1/100, 2/100로 되어 있음으로 인해 좌파 마을활동가들에 주도된다는 것은 단순한 추측이 아니다. 박원순 시장에 의해 주도된 주민총회에서 그러한 현상이 나타났다.

03

조례에도 주민자치기본법처럼 분과조직을 두고 있다

주민자치기본법안 제10조 제2항에는 주민자치회 내에 분과조직을 두도록 했는데, 주민자치회 조례에도 주민자치회 내에 여러 분과를 둘 수 있도록 규정하고 있다. 이를테면 환경분과, 아동분과, 인권분과, 복지분과, 마을교육분과 등 다양한 기능별 분과조직을 둘 수 있을 것이다. 노동, 환경, 인권, 복지 등 분과명들은 네오막시즘(문화막시즘, 변종공산주의) 노선에 따른 것이며, 이러한 분과조직은 성격상 우파주민들이 들어가 활동하기가 쉽지 않고, 마을 좌파세력이 주도할 것으로 판단된다.

조례상 위원과 분과 활동을 하려면 반드시 마을활동가 교육을 6시간 이상 받아야 한다. 따라서 조례를 통하더라도 주민자치회 분과활동은 읍·면·동 좌파활동가나 좌파 성향 주민들 주도로 이루어질 것이다. 게다가 주민자치회 위원을 신청할 때나 분과 활동을 신청할 때에도 좌파 마을교육을 6시간이나 받도록 하고 있는데, 마을의 주민자치회를 좌파 소굴로 만들기 위한 필수적 과정이라 할 것이다. 반헌법적이고 위법한 절차이므로 당장 폐지해야 한다.

04

법안과 조례, 주민자치회 업무 민간 좌파단체에 위탁 가능(부패 다단계)

주민자치기본법안, 주민자치회 조례 등 마을 관련 법안에서 공통적으로 나타나고 있는 것은 (좌파)민간단체에 업무를 위탁하는 제도이다. 업무를 위탁한다는 것은 곧 권한과 재정을 넘긴다는 의미다. 주민자치회의 업무를 좌파 민간단체에 위탁하는 것은 좌파단체들에게 주민자치회의 실질적 통치권한을 넘기는 것이며, 아울러 자금을 위탁단체에 지원하는 통로이다. 이는 서울시의 사례에서 잘 드러난다.

주민자치기본법안 제19조(전문지원기관 운영) 규정을 주목할 필요가 있다. 제19조는 '① 국가와 지방자치단체는 주민자치와 관련된 기관, 법인 또는 단체를 전문지원기관으로 지정, 위탁할 수 있다. ② 해당 전문지원기관은 민관협력 원칙에 기반하여 주민자치회 등과 협력적 네트워크를 구축하고...'라고 규정하고 있다. 겉으로는 3,500여 개의 읍·면·동 주민자치회가 엄청난 권한과 예산을 갖는 것처럼 포장했지만 사실은 국가와 자치단체가 읍·면·동 통치권한과 엄청난 예산을 외부 좌파 민간단체에 위탁하도록 한 것이다.

이러한 구조는 서울시 주민자치회 운영체계도를 통해서 추론할 수 있다. 서울시의 주민자치회 체계도는 다음과 같다.

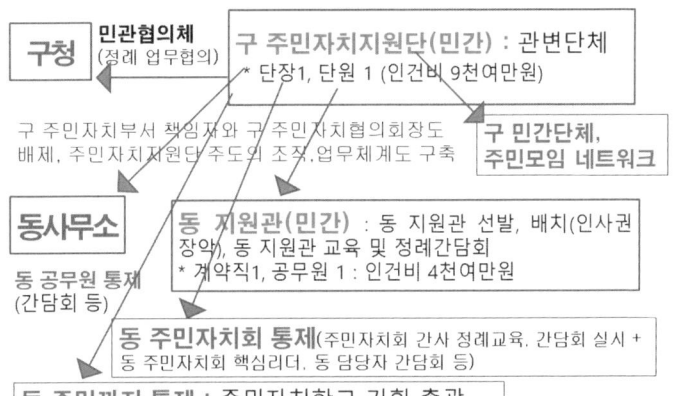

서울시는 종로구, 은평구 등 구(區)마다 '구 주민자치지원단' 이라는 민간기구를 두고 있는데, 민간 좌파인사가 서울시로부터 높은 인건비를 받으며, 활동하고 있다. 구 주민자치지원단은 구청 업무를 간섭하고 하부의 동사무소도 통제하며, 하부의 동 주민자치회를 컨트롤 하는 동 지원관도 통솔한다. 구별로 존재하는 민간단체, 주민모임 네트워크 등에 대한 정보를 수집, 통제, 관리하는 권한도 가지고 있다. 동별 주민자치회에 대해서도 정례교육, 간담회 등을 통해 통제권을 행사하고, 동 주민들까지도 주민자치학교 운영을 통해 관리할 수 있다. 그러니까 구 주민자치지원단은 좌파 민간기구이지만 주민자치와 관련하여 구청, 동사무소, 동지원관, 구청별 민간단체, 주민모임, 주민교육 등에 이르기까지 광범한 권한을 행사하는 것이다. 외부 민간좌파단체가 통치권과 자금 지원을 받는다는 것은 기존 행정조직이 무력화됨을 의미하고 좌파단체에 의한 연쇄적 부패사태가 광범하게 벌어질 것임을 예견할 수 있다.

▷서울시 종합감사 결과에 나타난 부작용, 전국화될 듯

오세훈 서울시장은 보궐선거(2021.4.7.)에서 당선된 후 그간 박원순 전 시장이 추진했던 주민자치회 등 마을공동체사업에 대한 불만이 분출하자, 공론화를 위해 6.7 "서울형 주민자치회를 말하다" 주제 세미나를 개최했다. 이 세미나를 통해 마을공동체사업에 심각한 문제가 있다는 것이 드러났다. 이에 행사 후 불과 1주일 만에 서울시의회(90% 이상이 더불어민주당 소속)는 박원순 시장이 주도한 서울시마을공동체사업 등의 컨트롤센터인 서울민주주의위원회를 3년 만에 폐지했다. 그만큼 박원순 시장이 추진한 마을공동체사업 등에 심각한 문제가 있었음을 반증하는 것이다.

이에 오세훈 시장은 마을공동체사업 등 민간 좌파세력이 개입해온 서울시 사업 전반에 대한 종합감사를 실시했다. 오세훈 시장은 9월 13일 '서울시 바로세우기' 이름으로 종합감사 결과를 발표했다. 그는 "특정 시민단체가 중간지원조직이 돼 다른 시민단체들에게 보조금을 지급해 왔다"면서 "박원순 10년간 (좌파)시민단체에 1조원이나 지원"했음을 밝히면서 "서울시 예산은 (좌파)시민단체의 ATM기로 전락했다"며 서울시민들이 낸 예산을 멋대로 써버린 행태에 놀라움을 금치 못했다. 이것이 주민자치회, 마을공동체사업의 실상이다.

> **오세훈 서울시장의 마을공동체사업 종합감사 결과 발표(2021.9.13)**
>
> "서울시는 지난 10년간 민간보조금 또는 민간위탁금이라는 명목으로 직접 또는 자치구를 통해 (좌파)시민사회와 (좌파)시민단체에 지원해왔습니다.
>
> 마을, 도시재생, 사회적 경제, 주민자치, 협치는 말할 것도 없고, 주거, 청년, 노동, 도시농업, 환경, 에너지, 남북교류 등 전통적으로 중앙정부와 민간 고유의 영역으로 인식되던 영역, 그리고 아직은 행정에 있어 생소한 분야에까지 대대적인 지원이 이뤄졌습니다.
>
> 지난 10년간 민간보조금과 민간위탁금으로 지원된 총 금액이 무려 1조원 가까이 됩니다. 물론 그 액수가 모두 낭비되었다는 것은 아닙니다만, 집행 내역을 일부 점검해 보니 정말 안타깝기 짝이 없습니다."
>
> "(좌파)시민단체 출신 인사들이 임기제 공무원으로 서울

시 도처에 포진해 위탁업체 선정에서부터 지도, 감독까지 관련 사업 전반을 관장하고 자신이 몸담았던 (좌파)시민단체에 재정 직원을 하는 그들만의 마을, 그들만의 생태계를 만들었다. … 이것도 모자라 중간지원조직이라는 창구를 각 자치구에도 설치하고 그것조차 또 다른 (좌파)시민단체에 위탁해 운영토록 했다. 이것이야말로 (좌파)시민단체의 피라미드, (좌파)시민단체형 다단계가 아닐까요?"

"서울시의 곳간은 결국 이렇게 (좌파)시민단체 전용 ATM기로 전락해 갔다…", "마을공동체사업은 인건비 비중이 절반이 넘습니다. 자치구별로 설치된 주민자치사업단 단장의 인건비는 연간 5000만 원이 넘습니다." "시민 혈세를 내 주머니 쌈짓돈처럼 생각하고, '시민'이라는 이름을 내세우며, 사익을 쫓는 행태를 청산할 것이다", "지난 10년간 (좌파)시민사회 분야 민간보조와 민간위탁 사업을 추진하는 과정에서 뿌리 박힌 잘못된 관행을 바로잡고 비정상을 정상화하겠다"

**(좌파) : 좌익·좌경 의미, 저자 삽입

서울시의 종합감사로 인해, 마을공동체시스템은 좌파마을활동가들의 배를 불리는 심각한 부패구조였음이 백일

하에 드러났다. 문재인 정권이 주민자치기본법안 등을 추진하는 것은 서울시의 이러한 부패한 마을공동체사업을 전국 3,500여 개 읍·면·동에 전면 도입하겠다는 것인데, 대한민국을 망치려는 저의가 아니고 무엇이겠는가?

다행스럽게도 윤석열 정부가 들어선 후, 정부와 서울시로부터 보조금을 받은 (좌파) 시민단체 1,716곳을 대상으로 감사원이 특별감사에 돌입했다. 무자격 시민단체가 보조금을 받았거나 횡령 또는 회계부정이 있었는지 가려내고, 불법적인 돈은 회수하겠다는 것이다. 매일경제 보도에 따르면, "이렇게 감사에 착수한 것은 윤미향 의원이 정신대문제대책협의회(현 정의기억연대) 대표를 지내면서 7년간 정부와 서울시로부터 보조금 3억 원을 부정 수령 한 혐의로 재판에 회부된 것이 특감의 계기가 됐다고 한다. 서울시만 하더라도 박원순 전 서울시장 재임 시절 시민단체에 지급된 보조금이 1조 원을 넘는다고 한다."고 했다. 그러면서 매일경제는 시민단체가 정부로부터 돈을 받는다는 것은 잘못된 것이라고 질타하면서 다음과 같이 주장했다. 모든 언론들이 이 문제를 공론화하기를 바란다. 대한민국의 미래를 위해서다.

미국 뉴욕에 본부를 둔 인권단체인 휴먼라이츠워치(HRW)가 "정부 돈은 직접적이든 간접적이든 받지 않는다"고 홈페이지에 명시해 놓은 것도 그런 이유 때문이다. 미국 시민단체는 설사 정부 보조금을 받는다고 해도 철저하게 사업비로만 쓴다. 인건비나 임대료, 사무용품 구입비 같은 운영 경비로 보조금을 쓰는 건 불법이라고 한다.
반면 박(원순) 전 시장이 시민단체를 앞세워 추진했던 마을생태계 조성사업은 지원금 절반이 인건비 등 행정 비용으로 사용됐다고 하니 기가 막힌 일이다. 보조금 없이는 기본 운영비마저 감당할 수 없다면 시민단체가 아니라 사실상 관변단체라고 보는 게 옳다. 심지어 시민단체 출신이 지자체의 임기제 공무원으로 채용돼 보조금 지원 업무를 주도한 사례까지 있다고 한다.
심각한 이해충돌이다. 이러니 정부 보조금이 '친정부 성향 시민단체'의 밥줄 노릇을 했다는 비판이 나오는 것이다. 감사원은 지난 정부에서 벌어진 시민단체 지원의 문제점을 낱낱이 밝히는 데 그치지 않고 국민 세금

이 줄줄 새지 않도록 제대로 된 재발방지책도 함께 내놓길 바란다.[10]

---

10) 매일경제, "감사원 1,700개 시민단체 보조금 특감, 줄줄새는 눈먼 돈 막아라 [사설]", 2022.08.10.

05

제5장

마을공동체 기반, 전체주의시스템 구축 시도

문재인 정권과 좌파 마을활동가들은 말로는
지방분권, 주민자치라고 포장했지만 실제는 배후에
전국 읍·면·동 주민자치회를 콘트롤 하는 집권적 통치시스템을
구상했다는 것이 드러났다.

◆

01

읍면동 좌파 마을공동체 만들기 노력

이재명 민주당 대표의 자서전인 『이재명, 대한민국 혁명하라』(2017.1)에는 '제4장 지방자치 : 꼬리를 잡아 몸통을 흔들다' 라는 항목이 있다. 그는 "진정한 변화는 바닥에서 이루어진다. 바닥의 변화가 없는 상층만의 변화는 언제든 흔들리고 뒷걸음질 칠 수 있다. 모래 위의 성, 사상누각 같은 것이다. 그래서 기초를 바꾸고 뿌리를 바꾸는 일에 투자해야 한다."고 언급했다. 즉, 이재명은 성남시를 통해 (인민)민주주의 경험과 세력을 키우고 이를 토대로 대한민국을 장악, 체제변혁을 꿈꾼 것은 아닐까?[11]

이는 이재명과 배후 경기동부연합(이석기그룹)만의 생각이 아닐 것이다. 좌파 마을활동가들도 읍·면·동을 장악하고 이를 기반으로 대한민국 전체를 사회주의체제로 만들려는 의도를 가지고 있었다.

이러한 bottom-up 혁명방식은 우리나라 좌파세력이 개발한 것이 아니다. 레닌 등 러시아 공산혁명세력, 모택동 등 중국 공산혁명세력도 농촌 마을을 장악해 국가를 장악하는 방법을 구사했고, 체게바라 등 남미 공산혁명가들도 그 방법을 택했다. 우리나라 1980년대 586 좌파운동권도 농촌봉사활동(농활), 마을빈민운동 등을 통해 저변 대중의 민심을 장악하기 위해 노력했었다.

문재인 정권도 출범한 후 체제변혁의 수단으로 전국 읍·면·동 마을을 장악하려 전방위적 노력을 했다. 2018년 3월 청와대 직속 자치분권위원회를 조직한 후 본격적으로 '지방분권화', '주민자치'라는 명분을 내세

---

11) "모두가 한때는 변방이었다. (예수도, 부처도), 민주주의도, (미국도), 체 게바라도 시작은 변방에서 했고 아웃사이더였고 비주류였다. 나는 변방이 중심이 될 수 있는 세상을 소망하며... 자치를 통해 민주주의를 몸에 익히고 주민들이 민주공화국의 주인인 주권자로 거듭나게 하는 것이 바로 지방자치다." 이재명, 『이재명, 대한민국 혁명하라』(메디치, 2017.1), pp61. 그의 책을 종합 검토하면 그가 말한 민주주의는 인민민주주의, 그가 말한 민주공화국은 인민주권의 공화국으로 이해된다.

우고 마을권력 기반조성에 나섰다. 즉, ▷읍·면·동 마을통치권력을 장악하기 위해 주민자치회를 설치 운영하고, ▷읍·면·동 마을공동체에서 사상교육을 시키기 위해 마을교육공동체 만들기에도 주력했다. ▷협동조합, 사회적기업 등 좌파 경제생태계를 구축하기 위해 마을경제공동체 입법화에도 노력했다. 젊은 세대 등 지역 주민들을 좌파 경제생태계 속으로 끌어들이기 위해 경제공동체 조성사업을 벌였다. 이러한 노력은 선거 때마다 승리, 영구집권체제를 구축해야겠다는 장기 포석을 위한 것이었다. ▷대한민국 하부의 주민들을 통제할 수 있는 장치들도 갖추어 갔는데, 주민자치회가 주민들에 대한 감시, 통제를 할 수 있는 정보수집 권한을 부여하거나, 자치경찰제를 두어 자치경찰을 장악해 주민들에 대한 밀착감시, 정보수집, 사법통제를 가할 수 있는 장치를 구축했다.

이것을 도표로 그리면 다음과 같다.

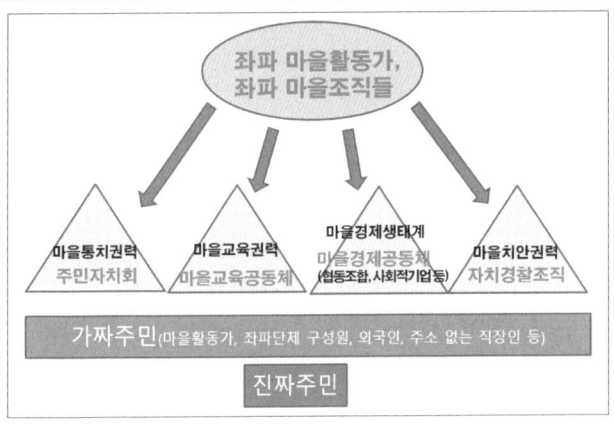

도표를 보면 읍·면·동을 장악하는 분야별 조직을 열거했는데, 마을통치권력을 장악하는 주민자치회를 비롯해 마을교육공동체, 마을경제공동체(협동조합, 사회적기업 등), 마을치안권력을 장악하는 자치경찰제 등이 있다. 이러한 분야를 공통으로 장악하는 주체는 바로 좌파 마을활동가들이다. 좌파 마을활동가들이나 좌파 마을단체들은 이러한 다양한 마을공동체 활동들을 합체하여 완벽한 읍·면·동 마을권력을 장악하고 체제를 바꾸려 한 것이다. 이 합체된 모습을 보아야 좌파 마을공동체의 실상과 그들이 꿈꾸던 '좌파 마을공화국'을 제대로 파악할 수 있다.

좌파세력이 꿈꾸는 '(좌파)마을정부', '(좌파)마을공화국'을 만들기 위해서는 대거 좌파 마을활동가(마을혁명가)들이 많이 들어와야 하고 이들을 뒷받침하는 우호세력이 존재해야 한다. 그래서 가짜주민들을 읍·면·동 마을로 대거 들어오게 하려는 것이다.

좌파 마을활동가들이 가짜주민과 함께 마을통치를 협업하고 독차지하기 위해 내세우는 명분이 바로 직접민주주의, 주민자치, 풀뿌리민주주의, 주민참여, 주민자치, 주민이 주인이 되는 세상, 참여민주주의, 숙의민주주의, 주민총회, 민회 등이다.

02

읍면동 좌파 마을교육공동체 확산

▷좌파세력, 오래 전부터 좌파 마을교육공동체 기반 조성

문재인 정권은 3,500여 개의 읍·면·동별 주민자치회, 주민총회 등 마을공동체를 만들기 위해 노력하는 한편, 읍·면·동별 교육기관들을 통합 관리하기 위한 마을교육공동체 활성화사업도 함께 추진했었다. 마을교육공동체 사업을 주도하고 있는 청와대 산하 자치분권위원회와 교육부는 자치단체의 협조를 얻어 다양한 형태의 마을교육공동체 사업들을 촉진, 독려하고 우수 자치단체들을 발굴 포상하는 등 적극적인 활동을 해 왔다.

이렇게 문 정권이 마을교육공동체 사업을 적극적으로 추진할 수 있었던 것은 오래 전부터 준비해온 기반조성 과정이 있었기 때문이다. 좌파세력은 10여 년 이전부터

지역별로 대안학교, 혁신학교, 마을학교, 작은도서관, 돌봄센터 등 다양한 좌파형 마을교육기관들을 운영해 왔으며, 많은 마을강사들을 양성해 놓았던 것이다.

> *교육부 보도자료(2020년 12월 12일)
>
> **수범지역인 도봉구의 마을교육 자원 실태**
> "마을학교 97개소, 마을 강사 522명, 도봉형 돌봄(키움)센터 4개소, 지역아동센터 18개소, 청소년 시설 10개소, 진로체험처 181개소 등 풍부한 마을교육자원 확보"

마을교육공동체 활성화 사업이란?

마을교육공동체 관련 법안이나 주창자들에 따르면, 마을교육공동체란 학생, 학부모, 교직원과 지역사회가 학생의 교육활동 지원을 위해 협력 및 연대하는 공동체를 말한다.

마을교육공동체 활성화 사업이란 무엇일까?[12] 교육부에서 만든 보도자료(2019.12.11.)에 따르면, 읍·면·동별로 모든 유사교육기관과 교사들을 통합 관리하고 사회주의 가치교육을 가르치겠다는 것이 목적이다. 이를 구체적으로 나누어 보자. ▷ '자치단체와 교육청, 읍·면·동 주민자치회, (좌파)시민단체, 마을활동가 등이 함께 컨트롤센터를 만든다.'는 것인데, 좌파세력이 읍·면·동 교육을 통합하는 중심 역할을 하겠다는 것이다. ▷ '읍·면·동별 관내 유아원, 유치원, 지역아동센터, 정규학교, 마을학교, 마을도서관, 평생교육원 등을 통합 관리하겠다.'는 것이다.[13]

---

12) 마을공동체, 마을교육공동체 등 마을주의는 마을을 사회주의화하기 위한 프레임이라고 할 수 있다. 마을연구소 소장 정00은, "개인의 자유가 증가할수록 타인에 대한 배려와 존중, 이타주의, 사회의 공동선, 좋은 사회에 관심이 사라진 사회가 출현하고 있다."라고 발언했고 "마을(Commune)이라는 공동체의 가치를 따르는 공동체주의(communitarianism)를 믿고 받아들인다. 따라서 공유된 가치와 공동선을 무시하거나 훼손하는 일체의 자유주의적 개인주의를 반대한다."라고 발언한 바도 있다. 이러한 마을주의는 개인의 존엄과 자유를 묵살하는 '전체주의적 성향'을 보유함을 알 수 있다. 김정래 교수(부산교대 유아교육학과)도 공동체주의에 대해 "그 형성 동기와 본질을 한참 벗어나서 우리의 의식 저변에서 자유민주주의와 시장경제를 폄훼하는 기제로 작용"한다고 평가했다.
13) 교육부 보도자료, "미래형 교육자치 협력지구로 지역중심의 교육공동체 확산 추진"(2019.12.12.)

모든 교육기관을 통합관리하겠다

읍면동 모든 교육기관을 통합하겠다

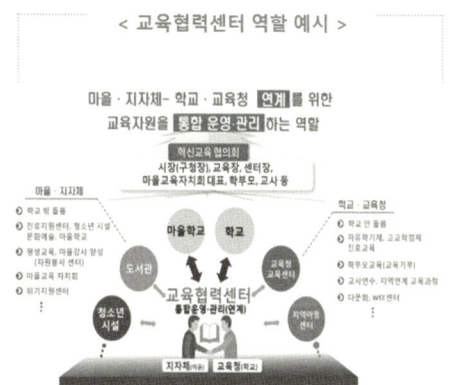

2019.12
교육부
보도자료

이는 읍·면·동 모든 교육기관을 일괄적으로 통제하겠다는 것이다. 교육의 전체주의시스템 도입이다. 또한, 단순한 좌파 교육기관인 마을학교에도 초·중·고 등 공교육기관처럼 국가와 자치단체의 지원을 받도록 하려는 의도도 있는 것으로 보인다. ▷ '정규학교 교사와 민간 (좌파)강사 등을 통합하여 활용하겠다' 는 것인데, 좌파 마을교육활동가, (좌파) 강사들을 초·중·고 등 정규학교에 강사로 적극 활용하겠다는 의미로 이해된다. 그렇게 되면 초·중·고 등 정규학교 수업 시간에 좌파 강사들로부터 마르크스 등 사상 강의나 성미산마을 견학 등 좌파 마을공동체 수업을 듣는 것이 일상화될 것이다. 핵심은 교육기관들을 전체주의적으로 통합 관리하겠다는 것이고, 마을의 좌파활동가, 좌파 마을강사 등을 공교육에도 적극 활용하겠다는 의도로 보인다.

요람에서 무덤까지

교육부의 보도자료에 따르면, '요람에서 무덤까지'라는 슬로건을 내세웠다. 영아 때 눕는 '요람'에서 늙어 죽는 '무덤'까지라는 표현은 사회주의 세상을 포장하는 용어이다. 과거 소련, 북한 등 공산주의 국가들이 바로 요람에서 무덤까지 국가와 사회가 책임지는 사회. 태어나서 죽을 때까지 국가와 사회가 책임을 진다면 개인의 자유는 사라진다. 만약 교육 분야에서 '요람과 무덤까지'를 적용한다면 한 인간이 태어나서 죽을 때까지 주어진 틀에 맞는 교육을 필수적으로 받아야 한다. 더 구체적으로 추정해보면, 마을에 있는 유아원 →유치원→초·중·고교→

대학교→성인학교(기술학교, 노인대학) 등 교육기관은 독립적, 자율적으로 운영하는 것이 아니라 서로 연계된 교육을 해야 한다는 의미로 이해되고, 마을의 학생, 학부모, 마을주민들은 유아에서부터 노인에 이르기까지 모두 사회주의 공동체에 맞는 가치교육을 받아야 한다는 것이다. 북한, 중국, 베트남 등 공산·사회주의 국가들이 추진해 온 탁아소로부터 초·중·고·대학 등 모든 교육기관을 통합하여 벽돌을 찍어내듯 일체화된 사회주의형 인간형을 만들어 내는 교육방식을 연상하면 될 것이다.

마을단위 모든 교육을 혁신학교화

2019.12 교육부 보도자료

<공동 협력센터를 통한 지원내용(예시)>

* 출처 : 교육부 보도자료14)

한 명의 아이를 키우기 위해 온 마을이 필요하다

문재인 교육부는 '한 명의 아이를 키우기 위해 온 마을이 필요하다'는 슬로건도 내세웠다. 이것의 의미는 뭘까? 지금까지 자녀양육권은 부모가 책임을 졌는데, 앞으로는 부모의 아이 양육권을 더욱 제한하고 마을교육공동체가 아이 양육권 행사에 적극 개입하겠다는 의미로 이해된다. 읍·면·동에 있는 좌파 마을활동가, 교사들(정규학교 교사, 좌파 마을강사), 학생, 학부모, 지역주민 등이 함께 교육에 참여하도록 했는데, 이 중에서도 좌파 마을활동가, 좌파 마을강사 등이 주도권을 가질 것으로 보인다.

온 마을을 정치사상 가치교육 생태계로 만들겠다

또한, 아이들뿐 아니라 학부모, 지역주민들까지도 교육 대상에 포함시키겠다는 것으로 이해된다. 이용호 의원이 대표 발의한 '마을교육공동체 활성화법'(「교육기본법」

---

14) 교육부 보도자료, "미래형 교육자치 협력지구로 지역중심의 교육공동체 확산 추진"(2019.12.11.)

일부개정법률안, 2021.8.20.)에 정의한 "생활환경을 같이 하는 학생과 학부모, 교직원과 지역주민이 함께 가치를 공유하는 교육생태계 조성"을 목적이라 한데서도 알 수 있다. 마을교육공동체 주창자인 김용련 한국외대 교수도 "마을교육공동체는 궁극적으로 지역의 교육적 역량을 강화해서, 그 지역의 학생과 주민들을 주체적 시민으로 성장시키는 것"이라고 주장했는데,[15] 이는 마을교육공동체란 읍·면·동에 사는 학생들과 주민들까지도 정치사상적 각성교육을 시키겠다는 뜻으로 이해된다. 김용련 교수는 "교육이란 삶이 곧 배움이고, 노동임을 가르치는 것"이고[16] 마을교육공동체를 통해 "민주시민교육"을 힐 것을 상조했다. 이들이 주장하는 민주는 자유민주가 아니라 민중민주, 인민민주 개념으로 이해된다. 중학교 민주시민교육 교재에서도 학급당 차별금지법 만들

---

[15] "마을교육공동체 생태적 의미와 실천"(김용련 저/진해청소년수련관 서영옥 요약), pp3.
[16] "생태적 마을교육공동체에 대한 이해", '19. 9. 27., https://www.youtube.com/watch?v=Bv_eKq8uuqs

기, 성소수자 옹호, 무분별한 난민 인정 등의 내용들이 수록되어 있고, 고등학교 '민주시민교육' 교재에도 기독교인이 지하철 내에서 전도하는 것을 타인에 대한 인권침해로 묘사하는 등 자유민주주의 개념의 네오막시즘에 입각한 사상에 입각해 있다. 다시 정리하면, 읍·면·동 마을 자체를 교육의 장소로 만들려는 의도인데, 그것도 주체사상, 사회주의, 네오막시즘(변종공산주의) 등 반자유민주주의, 공산·사회주의 정치사상을 공유하는 교육생태계로 만들겠다는 것이다.

마을공동체는 '일체의 자유주의적 개인주의를 반대한다'
마을연구소 소장 정OO은, "개인의 자유가 증가할수록 타인에 대한 배려와 존중, 이타주의, 사회의 공동선, 좋은 사회에 관심이 사라진 사회가 출현하고 있다."라고 발언했고[17] "마을(Commune)이라는 공동체의 가치를 따

---

[17] "몰락한 사회, '마을' 만이 대안이다", 〈오마이뉴스〉, '17. 3. 2., http://www.ohmynews.com/NWS_Web/View/at_pg.aspx?CNTN_CD=A0002303285

르는 공동체주의(communitarianism)를 믿고 받아들인다. 따라서 공유된 가치와 공동선을 무시하거나 훼손하는 일체의 자유주의적 개인주의를 반대한다."라고 발언한 바도 있다.[18] 이러한 마을주의는 개인의 존엄과 자유를 묵살하는 '전체주의적 성향을 보유함을 알 수 있다. 김정래 교수(부산교대 유아교육학과)도 공동체주의에 대해 "그 형성 동기와 본질을 한참 벗어나서 우리의 의식 저변에서 자유민주주의와 시장경제를 폄훼하는 기제로 작용"한다고 평가했다.[19]

이렇게 볼 때, 마을교육공동체 시도는 대한민국의 하부 마을을 자유민주주의 사상을 세탁하고 사회주의 사상·문화로 교체하기 위한 의식화 작업이라고 할 것이다.

---

[18] "공산·공유 사회경제적 생활공동체는 가능하다", 〈오마이뉴스〉, '17. 3. 28., http://www.ohmynews.com/NWS_Web/View/at_pg.aspx?CNTN_CD=A0002311121
[19] https://www.futurekorea.co.kr/news/articleView.html?idxno=20350 "공동체주의의 함정", 〈미래한국〉, '11.5.20

마을교육공동체, 전체주의 시스템을 구축한다

앞서 마을공동체는 일체의 자유주의적 개인주의를 반대한다고 하여 공산·사회주의적 전체주의를 지향한다는 것을 알았다. 그런데, 문 정권 교육부에서 만든 보도자료에 전체주의적 교육시스템을 구축하는 방안을 자세히 제시했다.

읍·면·동별로 다양한 교육기관들을 통합하는 단일시스템(동단위 마을교육자치회=마을교육자치분과)을 갖춘 후, 주변의 여러 읍·면·동 마을교육자치회들을 결합하여 권역별 마을교육자치회 네트워크를 만든다. 1권역, 2권역, 3권역 등으로 만들어진 권력별 마을교육자치회 네트워크들을 다시 묶어 광역적 네트워크로 묶고, 이를 다시 전국적 마을교육자치회 네트워크로 묶는다는 구상으로 보인다.

결론적으로 보면, 마을교육공동체 통합시스템은 좌파 마을교육을 전국적 단위로 통합, 전체주의 시스템을 구축하여 일사분란하게 교육시키겠다는 숨은 의도가 담겨 있다.

읍면동 교육의 전체주의 시스템 구축

2019.12 교육부 보도자료

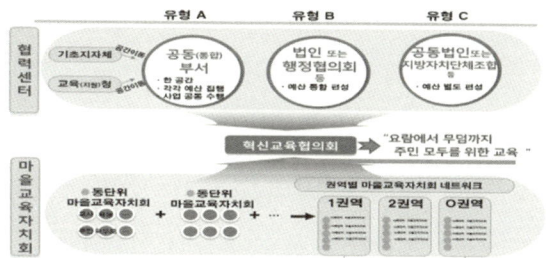

▷ 좌파 마을교육공동체 입법화 노력

교육부 등 주도로 마을교육공동체 확립을 위한 준비과정을 거친 후, 2021년 들어 이를 법제화하는 법안들이 발의되었다. 무소속이었던 이용호 의원(2021.11 국민의 힘당 입당)이 발의한 '마을교육공동체 활성화법'(「교육기본법」일부개정법률안, 2021. 8.20)[20], 더불어민주당 권인숙 의원이 발의한 '마을교육공동체 활성화 및 지원에 관한 법률안'[21] 등이 대표적이다.

법률안과는 별도로 자치단체별로 '마을교육공동체 활

성화 지원 조례'를 제정하기도 했는데, 2022년 4월 통과된 아산시 조례를 살펴보자.

조례의 핵심을 보면, ▷목적은 읍·면·동을 좌파형 마을교육공동체로 만들려는 것이다. 구체적으로 보면 ▷제4조(마을교육공동체 활성화 사업 및 지원)에는 "마을교육공동체와 관련된 활동가, 단체의 육성 및 활동 지원"을 규정했는데, 아산시장이 시예산으로 좌파 마을교육활동가 및 좌파교육단체들을 합법적으로 지원하겠다는 의도다. ▷제11조(지원센터의 설치 및 운영)에는 마을교육공동체 사

---

[20] 이용호 의원은 '마을교육공동체 활성화법'(「교육기본법」 일부개정법률안)을 2021년 8.20 대표 발의했는데, "생활환경을 같이 하는 학생과 학부모, 교직원과 지역주민이 함께 가치를 공유하는 교육생태계 조성"이 목적이라고 했다. 즉, 좌파교사들이 같은 읍·면·동 주민인 학생은 물론 학부모, 지역주민까지 같은 가치교육을 시키겠다는 의도로 이해된다. 가치교육이란 좌파세력이 주도하는 사상교육으로 이해된다.

[21] 권인숙 의원도 '마을교육공동체 활성화 및 지원에 관한 법률안'을 발의했다. 이 법안에 따르면, "마을교육공동체란 ... 마을이 학생들의 배움터가 되도록 학교와 마을, 교육청과 지방자치단체 그리고 학부모와 시민사회가 협력하고 연대하는 교육생태계를 말한다."라고 규정하고 있다. 이때 마을이란 주민자치회 등 좌파 주도 주민자치조직을 의미하고 시민사회란 지역 좌파세력을 의미하는 것으로 이해된다. 결국 전국의 모든 학생들에 대한 교육 주도권을 학부모와 공교육으로부터 읍·면·동을 장악한 좌파교육세력에게 넘기겠다는 의미로 이해된다.

업을 주도하는 컨트롤센터로 마을교육공동체지원센터를 두도록 했는데, 이 조직의 주도권을 좌파 마을활동가들이 장악하도록 했다. 이 기능의 일부 또는 전부를 다른 외부 좌파단체에 위탁할 수 있도록 했다. ▷제12조에는 마을공동체지원센터의 기능으로 "마을교육공동체 육성 지원, 마을학교(배움터) 조성, 교육민회 운영, 마을교육활동가 육성, 운영 등"을 규정했다. 이는 '아산시 예산과 지원으로 합법적으로 떳떳하게 좌파 마을학교를 지원해주고, 좌파 마을강사 등 마을교육활동가를 양성, 지원해 주는 등으로 아산시 읍·면·동 모두를 (좌파형) 마을교육공동체로 육성하겠다'는 의도로 보인다. 이러한 마을교육공동체 조례는 궁극적으로는 읍·면·동 좌파 마을교육활동가들에게 대한민국의 하부 교육기능을 위탁하는 것이고, 결국 대한민국 전체를 사회주의체제로 변혁하려는 악법이다.

03
좌파 마을경제공동체 확산

대한민국 하부를 구성하는 읍·면·동에서 다양한 새로운 경제주체들이 속속 성장하고 있다. 자본주의체제의 기업들이 아니라 좌파세력이 주도하는 협동조합, 사회적 기업 등 좌파형 경제단체들이다. 박원순 시장의 영향으로 대한민국 하부의 경제생태계가 급진적으로 바뀌고 있다. 이제 다양한 법안들이 시행 중에 있고, 이를 뒷받침하는 정책들이 정부와 자치단체 별로도 추진 중이다. 이러한 경제생태계의 변화는 대한민국의 하부를 바꾸는 동력으로 작동하고 있다.

다양한 형태의 협동조합, 사회적 기업 등 좌파형 경제공동체 문제를 검토해보자.

먼저, 좌파 성향의 대형 생활협동조합(약칭 생협)을 살펴보자. 대형 생협에는 '한살림', '아이쿱생협', '두레연합', '대학생협연합회', '행복중심생협' 등이 있다. 생협은 유기농 농산물 유통을 중심으로 한 소비형 생활협동조합인데, 각 지역별 전국조직을 가지고 운영하고 있다.(2019년 기준 조합원수: 한살림 695,997명, 아이쿱생협 293,812명, 두레생협 208,642명)

이러한 대형 생협은 좌파단체들과 서로 상생하는 네트워크 구조로 운영되고 있다. 그러니까 대형 생협은 좌파 세력과 서로 연대하고 돕는 방법으로 서로 공존공생하는 것이다. 대형 생협은 학교급식노조의 도움으로 학교에 납품하기도 하고, 좌파 성향 인사들이 주요 소비층을 구성하기도 한다. 좌파 농민들이나 좌파 농산물 단체들로부터 농산물을 고가로 매수해 농촌 좌파활동가들이 지역 농민들로부터 민심을 얻는 수단이 되기도 한다. 청년들을 채용해 좌파 경제생태계 안으로 끌어들이는 도구로 활용하며, 경력을 쌓은 후 공직으로 진출하는 통로로도 활용된다. 나아가, 대형 생협은 신생 좌파 협동조합에 경영 노하우를 전수해 좌파 경제생태계를 확장하는 교사로도 역할을 한다.

또한, 좌파세력이 주도하는 경제공동체를 이루는 데 중요한 역할을 한 것이 바로 협동조합이다. 협동조합은 생산형 협동조합, 서비스형 협동조합, 유통형 협동조합, 복지형 협동조합 등 극히 다양하다. 이러한 협동조합 만들기가 가능하도록 한 것은 바로 이명박 정부이다. 이명박 정부는 정권 말기인 2012년 12월 1일 느닷없이 '협동조합기본법'을 통과시켜 준 것이다. 이명박 정부야 서민들의 경제적 활로를 터주기 위해 필요하다고 생각했겠지만 좌파세력이 이를 어떻게 악용할지를 제대로 검토했는지 의심스럽다.

협동조합은 독자 창업이 어려운 사람들이 모여 경제공동체를 만들어 이익을 창출하는 방안이지만, 좌파세력이 협동조합을 자신들의 세력을 넓히는 수단으로 적극 활용하는 바람에 그들의 전유물처럼 되고 말았다. 좌파세력은 다양한 협동조합 등을 통해 공동수익을 창출할 뿐 아니라 끈끈한 인적 네트워크를 통해 공동구매, 공동소비를 통해 이익을 극대화하고 취업이나 각종 정보·기술(노하우)을 공유하는 등 경제공동체를 확장해 갔다.

좌파 성향이 아닌 사람도 경제적 이익을 위해 경제공동체에 들어가 활동하다 보면 자연스럽게 좌파사상에 빠져들어 갔다. 그러므로 협동조합, 사회적기업 등 경제공동체는 좌파세력이 마을주민을 우군화해서 마을의 체제를 바꾸는 수단으로 활용되고 있는 것이다.

특히 문재인 정권 출범 후 읍·면·동 좌파 경제생태계를 확립하기 위해 마을기업 육성, 사회적 경제를 위한 법안, 지역상권을 위한 다양한 조례 등을 우후죽순처럼 발의, 제정하고 있다. 이는 지역의 좌파세력을 지원하는 방법이자 경제생태계를 통해 지역 유권자들을 우군화해 좌파 영구집권 기반을 확립하려는 것이다.

04
좌파 마을치안공동체 시도

공산·사회주의세력은 기본적으로 정권을 잡는 것을 제1차 목표로 하고, 정권 잡은 후 공산·사회주의체제로 바꾸는 것을 궁극적 목표로 삼고 있다. 레닌은 이러한 목표를 이루기 위해 권력기관을 장악하는 것을 우선시한다. 국제공산주의운동 연구 제1인자인 버지니아대학 허몬드 교수는 러시아 공산주의 혁명모델의 특성을 분석했는데, 폭력, 선전선동(노동자에게 빵을, 군인에게 평화를, 농민에게 토지를 주겠다는 슬로건), 냉철, 전위당, 전략전술, 포장 등으로 열거했다. 이때 '전략전술' 항목에서 "동유럽 등 여러 나라에서 연합정권에 참여, 공산주의자들이 군사, 경찰, 법무 등의 국방, 치안 관련 자리들부터 먼저 장악하고 차례로 다른 자들을 틀어쥐며 마지막으로 권력 전체를 고스란히 손에 넣었던 것도 레닌의 전략전술을 그대로 교훈삼아 행동했던 것"이라고 주장했다.

문재인 정권도 국정원 무력화 및 장악, 경찰·검찰·법원 등 치안·사법기관 장악을 위해 노력해 왔다. 특히 경찰을 장악하기 위해 노력했는데, 그 일환으로 추진된 것이 자치경찰제이다.

자치경찰제란 무엇인가? 경찰을 국가경찰과 자치경찰로 구분하고 경찰업무 중 주민 밀착형 업무를 지방의 자치경찰이 독립적으로 담당하도록 하는 이원적 시스템이다. 지금까지 경찰은 국가경찰사무로 통일적으로 운영되어 왔는데, 문 정권 출범 후 자치경찰제 실시를 준비한 결과, 자치경찰제가 2021년 7월 1일부로 시행이 되고 있다. 다. 자치경찰사무에는 생활안전(아동, 여성, 청소년 보호, 안전사고 등), 교통·경비, 학교폭력 등 소년범죄, 가정폭력, 아동학대 등에 대한 수사, 교통사고 등이 포함된다.

자치경찰제는 겉으로 보면, 경찰이 주민 가까이서 서비스를 하니까 좋은 제도로 보이지만 좌파세력이 경찰권력을 장악하려는 숨은 의도가 있는 것으로 분석된다.

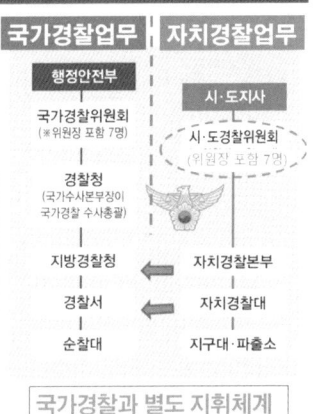

자치경찰사무를 관장하는 콘트롤타워는 시·도자치경찰위원회이다. 시·도자치경찰위원회는 시장과 도지사 산하에 있지만 자치경찰 업무에 관한 한 시장과 도지사로부터 독립되어 있다. '국가경찰과 자치경찰의 조직 및 운영에 관한 법률'(약칭 경찰법) 제8조 제2항에는 "시·도자치경찰위원회는 합의제 행정기관으로서 그 권한에 속하는 업무를 독립적으로 수행한다."라고 되어 있다. 특별한 사유가 아니면 경찰청장으로부터도 독립된 권한을 행사하는 것이다. 시·도자치경찰위원회가 자치경찰 사무들을 최종 지휘, 감독을 하는 권한을 가지고 있다는 의미다. 자치경찰사무를 담당하는 부서와 자치경찰관은 지방경찰청-경찰서-파출소에 배치되어 있고, 이들은 시·도자치경찰위원회의 지시에 따라 움직인다. 그러므로 시·도자치경찰위원회는 대한민국 경찰의 하부조직을 통제, 관리할 수 있는 권한을 장악한 것이다.

그러면, 대한민국 경찰의 말초신경을 장악하고 있는 시·도자치경찰위원회에는 어떤 사람들이 차지하고 있을까?

시·도자치경찰위원회는 7명(상임위원 1명, 위원장 등 비상임위원 6명)이다. 누가 이들을 추천하는가? 시·도의회가 2명, 시·도지사가 1명, 시·도 교육감이 1명, 위원추천위원회가 2명, 국가경찰위원회가 1명을 추천한다.[22] 일

---

[22] 제20조(시·도자치경찰위원회 위원의 임명 및 결격사유) ① 시·도자치경찰위원회 위원은 다음 각 호의 사람을 시·도지사가 임명한다.
   1. 시·도의회가 추천하는 2명
   2. 국가경찰위원회가 추천하는 1명
   3. 해당 시·도 교육감이 추천하는 1명
   4. 시·도자치경찰위원회 위원추천위원회가 추천하는 2명
   5. 시·도지사가 지명하는 1명

단 추천자만 보더라도 좌파 성향의 인사들이 추천될 확률이 높다는 것을 알 수 있다. 2022년 6월 지방선거 이전 시·도지사, 시·도의원은 더불어민주당이 압도적 비율을 차지하고 있었고, 교육감도 좌파 성향 인물이 압도적이었다. 이런 상태에서 2021년 7월 자치경찰제가 실시되었으니, 시·도자치경찰위원회의 구성이 좌파 성향이 압도적일 수 밖에 없다. 다시 정리하면 윤석열 정부하에서도 좌파 성향의 주민대표들이 자치경찰을 장악하고 있다고 볼 수 있다.

더욱이 경찰법 제19조(시·도자치경찰위원회의 구성)에는 시·도자치경찰위원 7명을 선정할 때, "위원 중 1명은 인권문제에 관하여 전문적인 지식과 경험이 있는 사람이 임명될 수 있도록 노력하여야 한다."는 규정도 있고, 실제로 시·도자치경찰위원회에 대체로 2명 이상의 인권전문가가 포함되어 있다고 하니, 위원들의 구성 성향이 어떠한지 알만하다.

또한, 경찰법 제20조 제2항에는 시·도자치경찰위원회 위원이 될 수 있는 자격을 규정하고 있는데, 여기에도 좌파 성향 인사와 좌파 마을활동가들이 들어갈 수 있는 틈새들이 곳곳에 만들어져 있다.23) 민변 출신 변호사나 좌파 성향 교수들은 물론이고 좌파 마을활동가들이 들어갈 수 있도록 "지역 주민 중에서 주민자치행정에 경험이 풍부한 사람" 등의 문구를 삽입해 놓고 있다. 좌파 마을활동가들의 자료를 보면, 시·도자치경찰위원회 진입을 좌파 마을활동가들에게 더 개방해야 한다는 요구가 많다. 좌파세력은 시·도자치경찰위원회 위원 자격을 완화해 좌파 마을활동가들이 보다 더 많이 들어갈 수 있도록 개방해 갈 것이다. 결국 시·도자치경찰위원회는 좌파 마을활동가들이 주류를 차지해 갈 것이다.

문 정권과 더불어민주당은 2022년 3·9대선에서 패배

---

23) 제20조(시·도자치경찰위원회 위원의 임명 및 결격사유) ② 시·도자치경찰위원회 위원은 다음 각 호의 어느 하나에 해당하는 자격을 갖추어야 한다.
1. 판사·검사·변호사 또는 경찰의 직에 5년 이상 있었던 사람
2. 변호사 자격이 있는 사람으로서 국가기관 등에서 법률에 관한 사무에 5년 이상 종사한 경력이 있는 사람
3. 대학이나 공인된 연구기관에서 법률학·행정학 또는 경찰학 분야의 조교수 이상의 직이나 이에 상당하는 직에 5년 이상 있었던 사람
4. 그 밖에 관할 지역주민 중에서 지방자치행정 또는 경찰행정 등의 분야에 경험이 풍부하고 학식과 덕망을 갖춘 사람

하자 6·1지방선거를 앞두고 국민여론이 나빠질 것을 뻔히 알면서도 막무가내로 검수완박법을 강행했다. '검수완박'은 검찰수사권을 완전 박탈해서 경찰에 넘기는 것을 내용으로 하는 것이다. 자유민주주의 검찰 기능을 폐지하고 그 기능을 경찰에 넘기는 것인데, 무소불위의 경찰국가를 만들려는 의도로 보였다. 이는 이재명의 책 『이재명, 대한민국 혁명하라』는 책에도 있듯이, 검찰을 마지막 남은 적폐세력이라고 보기 때문이고,24) 경찰에 넘기려는 것은 자치경찰제로 인해 경찰조직이 이미 자신들의 수중에 들어와 있다는 자신감의 발로가 아닐까 하는 의심을 지울 수 없다.

읍·면·동 마을에서 실제로 일어나는 현상을 보면, 파

---

24) 이재명의 저서 『이재명, 대한민국 혁명하라』(메디치, 2017.1) 49-58쪽에는 "제3장 검찰개혁 : 적폐의 심장, 검찰을 정조준하다"라는 항목이 있다. 검찰에 대해 수구 기득권세력의 상징, 권력의 호위무사, 하이에나, 친일매국세력 등으로 매도했다. 이러한 검찰제도 개혁을 위해 검찰과 경찰 간에 수사권을 분리해 조정(검경수사권 조정)하는 방안과 고위공직자 비리수사처 도입, 검찰권에 대한 국민들의 직접적 통제방안으로 지방검찰청 검사장 직선제, 선출된 검사장의 전횡을 막기 위해 임기 중 파면할 수 있는 주민소환제 도입을 제기하고 있다.

출소 경찰들이나 동사무소 직원들도 동사무소와 같은 건물에 근무하면서 읍·면·동 유지 노릇을 하는 주민자치회 소속 주민자치회장, 사무장 등 좌파 마을활동가들의 눈치를 받지 않을 수 없고, 유대관계 형성으로 좌파 마을활동가 중심으로 급변하고 있는 듯하다.

이렇듯, 자치경찰 문제는 앞으로 상당히 심각한 문제를 야기할 공산이 크다. 경찰들도 이 문제를 조직이기주의 관점에서 볼 것이 아니라 대한민국 국가정체성 위기 차원에서 살펴보아야 할 것이다.

경찰은 해방정국과 6·25전쟁 전후 좌익세력(공산세력)과의 치열한 전투에서 큰 역할을 담당했고, 그 과정에서 좌익들로부터 많은 희생을 당했던 대한민국 체제수호세력이다. 이러한 경찰이 문재인 정권을 통해 좌파세력에 의해 간섭을 받는 상황에 처하게 된 것이다. 문재인 좌파정권은 대한민국을 해체하기 위해 권력기관의 기능과 역할을 폐지, 무력화시키고 권력기관 간 갈등을 부추겨 국가질서를 허물려고 했다. 그 일환으로 자치경찰제를 실시한 것인데, 문 정권의 숨은 의도를 알고 대응방안을 강구해야 할 것이다.

윤석열 정부도 이의 실체를 깨닫고 행정안전부 내에 경찰국을 신설하는 한편 경찰제도발전위원회를 조직해 이러한 문제점을 종합적으로 분석해 보겠다는 것은 참으로 다행스런 일이다. 그런데, 본질을 파악하고 제대로 된 대안을 마련할 수 있을지 염려되는 면이 없지 않다.[25)]

---

25) 뉴시스, "경찰제도발전위 첫 회의... "제도 뒤 엎기 아닌 발전 노력"(종합), 2022.09.06.

05

마을공동체를 기반으로 한 전체주의 조직화

문재인 정권과 좌파 마을활동가들은 말로는 지방분권, 주민자치라고 포장했지만 실제는 배후에 전국 읍·면·동 주민자치회를 콘트롤 하는 집권적 통치시스템을 구상했다는 것이 드러났다.

(1) 좌파세력 주도 주민정보관리시스템 구축 법안들 등장

김영배 의원이 대표발의한 주민자치기본법(제10조 제6항)에서는 각 주민자치회가 소속 주민들에 대한 민감한 개인 신상정보들을 수집할 수 있는 막강한 권한을 부여했다. 그것도 중앙행정기관(행안부, 경찰청, 법무부, 검찰청, 외교부, 국세청 등 - 산하 기관 포함⟨예: 경찰청 산하 지방경찰청-경찰서-파출소⟩), 지방자치단체(산하 읍·면·동사무소 등), 교육청(산하 학교 등) 등으로부터도 주민에 대한 신상정보를 수집할 수 있도록 했다. 뿐만 아니라 주민자치회는 산하의 통·리 별 분회조직을 통해서도 주민 개인에 대한 정보 수집을 할 수 있을 것이다. 주민자치회는 연계관계에 있는 좌파 교육공동체, 경제공동체, 자치경찰 등을 통해서도 주민에 대한 정보를 공유, 수집할 수 있을 것이다.

하지만 읍·면·동 주민자치회가 수집한 주민들에 대한 다양한 개인정보를 어디서 통합 관리할 것이냐가 의문이었다. 그런데, 다음과 같은 법안들을 통해 좌파세력의 구상이 드러났다. 진선미 의원이 발의한 '마을공동체기본법안'(2021. 1)과 서영교 의원이 발의한 '마을공동체 및 지역사회혁신 활성화 기본법안'(2021. 11)이다. 이 두 개의 법안은 행안부 산하에 마을공동체 관련 정보를 수집 관리하는 별도의 정보관리기구를 설치하는 내용을 담고 있다.

진선미 의원이 발의한 '마을공동체기본법안'에서는 행안부장관 하에 '마을공동체 종합정보지원시스템'을 두도록 했다. 서영교 의원이 발의한 '마을공동체 및 지역사회혁신 활성화 기본법안'(2021. 11)에도 행안부장관 소속에 "종합정보시스템"을 구축·운영하도록 했다.

그러면, 전국 읍·면·동에서 수집한 주민정보를 관리하는 민간정보기구는 어떻게 운영될까? 3,500여 개의 읍·면·동별로 수집한 주민들에 대한 개인정보는 물론 마을별 다양한 정보들을 수집, 관리할 것이다. 이 기구는 국가정보를 다루는 국정원과는 차원이 다르다. 북한의 국가보위부와 같은 국민 개개인을 감시통제하고 전체주의체제를 구축하는 주요 수단이 될 것이다. 좌파 마을활동가들의 마을 독재를 지원하고 우파주민들을 감시통제하는 수단이며, 궁극적으로는 대한민국을 사회주의체제로 변혁하는 무기로 활용될 것으로 보인다.

(2) 마을공동체 전체주의시스템 구축 법안들

문 정권과 더불어민주당은 전국 읍·면·동 주민자치회를 전국적 네트워크로 엮는 전체주의 시스템을 구축하는 법안을 발의했다.

김영배 더불어민주당 의원이 대표 발의한 주민자치기본법이나 주민자치회 설치조례 등에서 보면, 주민들이 깜

빡 속도록 '지방분권'이니, '주민자치', '마을민주주의', '주민이 주인이 되는 세상' 등 좋은 말로 포장을 하고 있다. 얼핏 보면 매우 분권적이고 많은 권력과 예산을 주민자치회에 나눠주고 주민이 주인이 되는 세상을 만들려는 것처럼 오판하기 십상이다.

주민들이 보이는 무대 앞에서는 이렇듯 지극히 분권적인 모습을 보여주지만 보이지 않는 무대 뒤편에서 극히 집권적인 전체주의 통제시스템을 준비하고 있다. 문 정권은 3,500여 개 읍·면·동 주민자치회 등을 전국적으로 통제, 관리하고 사회주의체제로 만들어 가기 위한 법안들을 발의한 것이다. 이해식 더불어민주당 의원이 대표 발의한 '마을공동체 활성화기본법안'(2020.9.23.), 진선미 더불어민주당 의원이 대표 발의한 '마을공동체 기본법안'(2021.1.19.), 서영교 더불어민주당의원이 대표발의한 '마을공동체 및 지역사회혁신 활성화 기본법안' 등이 그것이다.

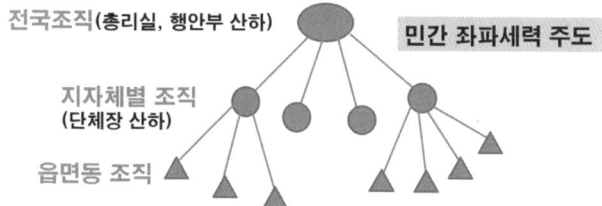

이 3개의 법안을 보면, 3,500여 개의 읍·면·동 마을공동체 조직을 하부로 하는 피라미드 형태의 전국조직망을 구상하고 있다. 이 전국조직망은 두 가지 조직형태로 만들고 있는데, 하나는 '마을공동체 정책을 심의, 의결하는 기구'의 전국조직이고, 다른 하나는 '마을공동체 지원센터'의 전국조직이다.

이 두 가지 형태의 전국조직망 모두 위로는 행안부나 총리실에 컨트롤센터를 두고 그 아래에 시·도 조직을 두고, 그 아래에 읍·면·동 조직을 두는 구조다. 3명의 국회의원이 발의한 법안 내용이 거의 같다. 이는 배후에 있는 동일한 주체가 제공했다는 의미이다.

첫째, 이해식 법안을 보자. ▷먼저, 마을공동체 정책을 심의, 의결하는 기구를 보면, 행안부장관 산하에 '마을공동체정책위원회'를 두고 그 아래 시·도별 중간조직으로 '마을공동체위원회'를 두는 구조다. ▷마을공동체지원센터 조직을 보면, 전국조직으로 '한국마을공동체진흥원'을 두도록 했고, 그 산하에 시·도별 중간조직으로 '마을공동체지원센터'를 두는 구조다.

이해식 법안의 조직도

마을공동체 정책 심의, 의결
- 행안부 산하: 마을공동체정책위원회
- 시도 별 (중간조직): 마을공동체위원회
- 읍면동 마을공동체

마을공동체 지원센터
- 전국조직: 한국마을공동체진흥원
- 시도 별 (중간조직): 마을공동체지원센터
- 읍면동 마을공동체

둘째, 서영교 법안을 보자. ▷먼저, 마을공동체 정책을 심의, 의결하는 기구를 보면, 행안부장관 산하에 '마을공동체정책위원회'를 두고 그 아래 시·도별 중간조직으로 '마을공동체혁신지역위원회'를 두는 구조다. ▷마을공동체 지원센터 조직을 보면, 행안부장관 산하에 '지역공동체혁신종합지원센터'를 두고 그 아래에 시·도별 중간조직으로 '지역지원기관'을 두는 구조다.

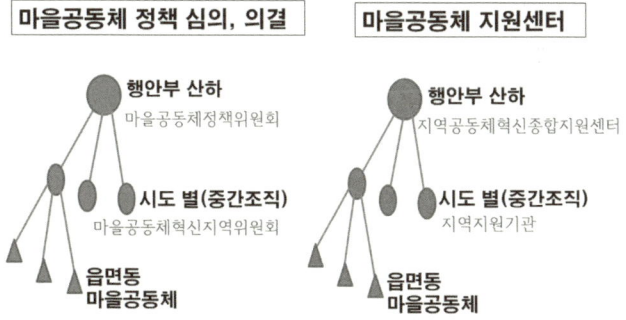

셋째, 진선미 법안이다. ▷먼저, 마을공동체 정책을 심의, 의결하는 기구를 보면, 총리실 산하에 '마을공동체

중앙위원회'를 두고 그 아래에 시·도별 중간조직으로 '마을공동체지역위원회'를 두는 구조다. ▷마을공동체지원센터 조직을 보면, 행안부장관 산하에 '마을공동체중앙지원센터'를 두고 그 아래에 시·도별 중간조직으로 '마을공동체지역지원센터'를 두는 구조다.

진선미 법안의 조직도

여기서 마을공동체지원센터 조직을 유념해 보자. '마을공동체 지원센터'는 겉으로는 지원하는 기구로 보이지만 2021년 9월 서울시 종합감사 결과에서 알 수 있듯이, 마을공동체 지원이라는 명분을 가지고 구청, 동사무소

등을 감시, 통제하고 이끌어가는 역할을 하는 것이다. 또한, 3개의 법안에서 공히 '마을공동체 지원센터'가 업무를 외부 좌파단체에 위탁할 수 있는 근거 조항을 두었다. 마을공동체 사업을 위해 분배되는 많은 지원금을 연관 단체들에게도 분배할 수 있도록 하려는 장치이다. 결국 마을공동체 지원센터 조직망은 지방행정을 통제, 무력화시키고 좌파단체들에게 권한을 나누고 자금을 분배하는 통로이며, 나쁘게 표현하면 부패의 피라미드를 낳는 좌파 마피아조직이 될 수 있다.

(3) 지방통치의 두 가지 조직망(행정조직망 + 좌파조직망)

기존의 지방행정조직망과 별도로 좌파 마을공동체 조직망이 있음을 알았다. 이것을 그림으로 나타내면 다음과 같다. 하나는 '행안부 – 시·도 – 시·군·구 – 읍·면·동'으로 이어지는 행정조직망이고, 다른 하나는 행정조직망 외곽에 두는 '좌파세력 주도의 민간 조직망'이다. 이 민간조직망은 마을 좌파세력이 행정조직망을 견제하고 읍·면·동 공동체사업을 주도하며 주민들을 장악하려는 일종의 좌파 마을공화국의 통치조직망이다.

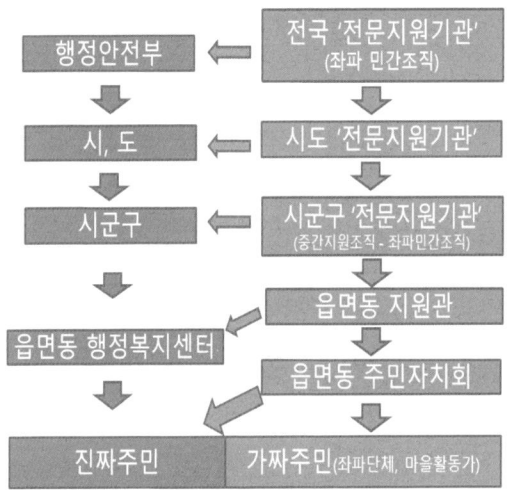

북한에서 대남적화공작전략을 수립하고 간첩남파를 총지휘한 바 있는 김국성 선생은 좌파 마을공동체 만들기에 대해 "이것은 남한 적화현상의 한 단면"이라며 "남한 사람의 머리에서는 절대로 나올 수 없는 것이고, 북한의 대남공작에 의한 것"이라고 단정했다.

한 중국행정 전문가도 중국 공산당이 주도하는 지방제

도와 매우 유사하다며 놀랍다는 반응을 보였다. 중국 공산당 조직이 모든 국가기관(입법, 행정, 사법, 군 등) 뿐만 아니라 읍·면·동 말단 지방행정조직까지 감시, 감독하는 별도의 통제시스템을 두고 있는데, 이와 유사한 형태라는 것이다.

(4) 좌파 마을공동체 시스템이 노리는 최종 목적은?

우리의 몸은 말초 세포로 구성되어 있듯이, 대한민국이라는 국가는 가장 말단조직인 3,500여 개 읍·면·동 마을로 이루어져 있다. 읍·면·동 마을을 장악하면 결국 국가 전체를 장악하는 결과를 낳는다. 공산·사회주의세력은 항상 하부의 말단세포 조직을 장악하도록 해 중앙을 장악하는 전략전술을 사용한다.

좌파 마을활동가들은 오래 전부터 지방과 마을로 스며들었고, 좌파 마을공동체를 만들어 갔다. 문 정권 출범 후 주민자치회 조례 등을 통해 읍·면·동 마을 저변으로 좌파 주민들을 대거 끌어들이는 방법을 강구했다. 좌파 마을활동가들은 새롭게 진입한 좌파주민들을 기반으로 읍·면·동 마을권력과 경제력을 장악하여 하부 주민(유권자)들을 장악하려는 것이다. 지방 읍·면·동 마을주민들을 완전하게 장악하는 것은 선거 압승은 물론 좌파 영구집권을 가능하게 하고, 대한민국을 인민민주주의(좌파독재)라는 과도적 단계를 거쳐 사회주의체제를 확립하고 마침내는 북한체제로 연방제 통일로 이끌 수 있는 것이다.

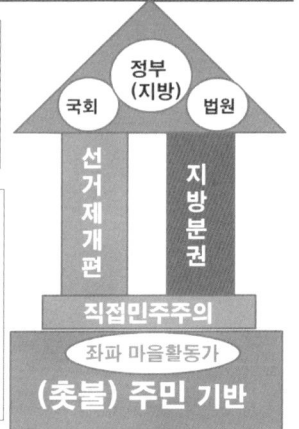

좌파 마을활동가들의 정권 주도 기도

○ 지방분권(풀뿌리민주주의) 표방
- 좌파 마을활동가들, 지방권력(마을-읍면동-기초-광역) 완전 장악
- 입법, 행정(지방행정, 자치경찰), 사법(검찰, 법원) 간여

○ 직접민주주의 표방, **마을활동가가 국가권력 주도** · 대의민주주의 무력화
1. 국민발안제 도입(50만명 발의, 입법) : 좌파세력 입법기능 활성화
2. 국민소환제 도입(국회의원 해임권) – 마을활동가, 국회의원 견제 가능
3. 연동형비례대표제 : 좌파운동권 충원루트(국회, 좌파활동가 독무대)

국회 · 정부(지방) · 법원
선거제개편 · 지방분권
직접민주주의
좌파 마을활동가
(촛불) 주민 기반

06

제6장

다시 마을로 간 체제전쟁

6·25전쟁 당시 후방마을에서 일어난
체제전쟁은 70여 년이 지난 지금 대한민국 후방마을에서
다시 일어날 조짐을 보이고 있다.
왜냐하면 지금 대한민국의
주사파 같은 공산·사회주의 사상을 가진 사람들이 귀촌,
귀농운동, 마을공동체 만들기를 통해 대한민국의
하부 읍·면·동을 장악해가고 있기 때문이다

◆

대한민국은 지금 체제전쟁 중이다. 문재인 정권은 대한민국을 사회주의체제로 변혁하기 위해 치열하게 노력했고, 대한민국의 자유민주주의체제를 지키려는 세력은 이에 맞서 저항했다. 자유민주주의체제를 유지하느냐, 공산·사회주의체제로 가느냐를 두고 치열한 체제전쟁이 벌어지고 있다. 이러한 체제전쟁, 사상전쟁은 대통령선거와 총선 때는 물론 지방선거 때도 벌어지고 있고, 외교정책, 대북정책, 안보정책, 경제정책 등을 둘러싸고도 치열하게 대립하고 있다. 어떤 노선을 지지하느냐를 두고 일어나는 좌파 국민과 우파 국민 간에 일어나는 사상갈등은 계기가 있을 때마다 직장 내에서나 친구 간에도 벌어지고 심지어 가정 내 부모와 자식 간, 부부간에도 일어나고 있다. 이러한 현상은 해방 직후 남한 내에서 일어난 사상갈등이 재연되는 것과 같다. 우리 앞에 놓인 치열한 사상전쟁, 체제전쟁은 최근에 시작된 것이 아니고, 실제는 100여 년이나 되었다. 그래서 100년 전쟁이라고 한다. 공산·사회주의가 우리 민족에게 들어온 것은 러시아 공산혁명이 일어난 이듬해인 1918년이다. 더구나 1945년 해방된 후 어느 체제의 독립국가를 만드느냐를 두고 치열한 체제전쟁이 일어났다. 1차 체제전쟁이다. 결국 1948년 북한에는 김일성을 앞세운 공산체제 정권이 수립되었고, 남한에는 이승만을 대통령으로 한 자유민주체제 대한민국이 수립(1948.8.15.)되었다. 1950년 6월에는 제2차 체제전쟁이 일어났다. 북한 김일성이 남한을 공산화하기 위해 남침전쟁을 일으킨 것이다. 군인들 간에도 많은 피를 흘렸고, 후방마을에서도 좌파주민과 우파주민 간에 피를 흘리는 마을전쟁이 일어났다. 좌파주민들이 마을에 내려온 북한군에 합세, 우파주민들을 반동분자라며 체포, 학살하는 일이 일어났던 것이다. 마을에서 일어난 피비린내 나는 참혹한 마을전쟁이었다. 마을에서 일어난 체제전쟁은 70여 년이 지난 지금 대한민국에서 다시 일어날 조짐을 보이고 있다. 그러한 비극이 다시 일어나지 않도록 자유민주주의 대한민국 국민들은 당시 마을에서 무슨 일이 일어났는지 되돌아볼 때다.

01
6·25전쟁 경험자들이 본 마을전쟁

(1) 6·25전쟁을 겪은 세대, 왜 주민자치회에 두려움을 갖는가?

6·25전쟁을 겪었던 80대 노인들은 공산·사회주의세력이 장악하려는 주민자치회 등 좌파 마을공동체 실상

을 듣고는 "좌파가 장악하려는 주민자치회 내용을 들으니 6·25전쟁 당시 북한군이 마을에 내려왔을 때, 마을 빨갱이들이 북한군의 앞잡이가 되어 우파주민들을 학살하던 인민위원회가 생각난다"며 두려움에 떤다. 그들은 한결같이 말하기를, "나는 6·25전쟁을 겪어서 아는데, 공산주의는 안 돼. 나는 죽어도 되지만 우리 손자 손녀가 살아야 할 이 땅에 공산주의가 되면 안돼."라고 울먹이며 호소했다. 그들은 마을에서 북한군에 합세했던 좌파주민들에 대한 두려움을 언급하며 "전쟁이 나니 이웃이 제일 무섭더라"고 했다. 이들은 당시 10세도 안 된 어린 나이였는데, 마을에서 어떤 상황을 목격했길래 좌파주민들을 그렇게도 무서워하는 것일까?

(2) 6·25전쟁 당시, 후방 마을에서 일어난 체제전쟁

6·25전쟁은 세계 전쟁사 중에서도 민간인 피해가 가장 많았던 전쟁이었다. 군인들의 전사자도 많았지만 전선이 아닌 후방마을의 개울가, 우물, 방공호 등 곳곳에서 수많은 민간인 시신들이 집단적으로 발견되었다. 군인

들이야 무기를 가지고 싸우기 때문에 수많은 전사자가 생기는 것은 당연하지만 전투도 없었던 후방마을 곳곳에서 왜 그렇게 많은 집단학살 시신들이 발견된 것일까? 어떤 사람들의 시신일까? 이들을 죽인 사람들은 누구일까? 도대체 왜 이런 현상이 일어난 것일까? 이것을 제대로 분석하지 않고는 6·25전쟁의 진면목을 이해할 수 없고, 전쟁의 반쪽만 아는 셈이다.

사상사적 측면에서 6·25전쟁을 정의하면, 공산주의체제인 북한이 소련과 중공(중국 공산당)의 지원 아래 자유민주주의체제인 대한민국을 적화(공산화)하기 위해 일으킨 체제전쟁이었다고 할 수 있다. 공산·사회주의 사상은 자유시장경제체제를 '자본주의체제'라고 부르면서 '자본가들이 노동자 등을 착취하는 나쁜 체제'라고 혐오한다. 또한, 자본가, 지주 등 부자들과 경찰, 군인, 우익인사 등 반공 자유민주주의체제 수호세력을 '반동분자'라고 매도하면서 이들을 제거해야 한다고 보았다. 이 때문에 러시아나 폴란드 등 동유럽 국가들, 동아시아의 베트남, 캄보디아 등이 공산화하는 과정에서도 '반동분자 숙청'이라는 명분으로 부자들(자본가, 지주 등)과 반공세력을 학살하는 일이 공통적으로 일어났다.

6·25전쟁도 마찬가지로 김일성이 '남한의 반동분자들을 제거하고 인민들을 해방해야 한다'라는 공산주의 관념에 따라 일으킨 전쟁이었다. 따라서 북한군이 남한 각 마을을 점령했을 때 지주, 자본가, 경찰, 공무원, 반공인사 등 우파주민들을 학살할 것이 당연히 예견되었다. 실제 김일성, 박헌영 등은 전쟁 발발 당시 남한 내에 있는 좌파주민들의 도움을 받아 반동분자를 숙청하겠다는 뜻을 밝혔다. 김일성은 1949년 초 소련으로 가서 공산당서기장 스탈린을 만나 남침 전쟁을 허락해 달라고 간청했는데, 이때 그는 서울만 점령하면 20만 남로당원 등 좌파세력의 협조를 받아 손쉽게 공산화할 수 있다고 스탈린을 설득했다. 1950년 6월 25일 북한군은 남침 전쟁을 일으키고 남한 각 지역 마을을 점령했는데, 이때 마을에서는 남한 좌파주민들이 인공기를 흔들며 북한군 환영대회를 개최했다. 남한 마을의 좌파주민들은 북한군이 만든 인민위원회, 치안대 등에 가담하여 붉은 완장

을 차고 집집마다 뒤지며 우파주민들(경찰가족, 군인가족, 공무원가족, 지주가족, 자본가족, 반공인사 등)을 찾아내 체포하고 인민재판이나 무단으로 학살했다. 인천상륙작전(1950.9.15.) 이후 전세가 역전되자, 북한군은 후퇴하면서 그간 체포해 두었던 이른바 반동분자들 즉, 대한민국 우파주민들을 집단학살하고 후퇴했다. 전선사령관 김책이 반동분자를 처형하라는 지시(1950.10.20.)에 따른 조치였다. 이때 전국 각지에 산재한 형무소(현재 교도소)와 내무서(우리의 경찰서) 유치장에 가두어 두었던 우파주민들을 집단학살하고 북으로 올라갔다. 대표적인 곳이 대전형무소(6,000여명), 전주형무소(1,000여명)이다. 이때 집단 학살당한 사람들은 전국 각지 마을에서 체포되었던 우파주민들이었고, 체포한 사람은 주로 각 마을에서 북한군 앞잡이 노릇을 했던 좌파주민들이었다.

유엔군과 국군이 서울을 되찾은 것('9·28서울수복')은 인천상륙작전 13일만인 9월 28일이었는데, 이즈음 북한군은 각지에서 자행하던 집단학살을 멈추고 재빨리 북으로 후퇴했다. 북한군이 후퇴하자, 그간 북한군을 도왔던

〈북한군 철수시 대전형무소 수감자 6,000여 명 집단학살〉

남한 각지 마을의 좌파 부역자들은 두려움에 떨면서 인근 산으로 피신, 빨치산이 되어 지역주민들 중 자신들을 고발할 위험성이 있는 기독교인, 우파주민과 그 일가친척을 집단학살하는 사건들을 일으켰다.

당시 빨치산 활동을 했던 김서용(가명) 씨는 9·28서울 수복 이후 일어난 집단학살에 대해 "미군이 오면 우익 가족들이 보복할 것을 우려해 다 죽이기로 했다." "빨치산들은 보복을 막으려면 씨를 말려야 한다면서 일가친

경남 진주 민간인 학살 (1950.10.2)

〈 '9·28서울수복' 직후 경남 진주 민간인 집단학살 시신(1950.10.2.)〉

척들까지 모조리 잡아다가 죽였다. 갓난애들은 자루에 담아서 그냥 던져버렸다."라고 증언했다.26)

빨치산 소년단 출신 김서용 증언

9·28수복 이전에는 학살이 별로 없었어. 인민군이 가면서 방송에 나왔다지. …. 무자비하게 숙청하라는 방송이 있었다더군. 생산유격대나 빨치산들이 그 이야기를

---

26) 월간조선사, 『6.25피살자 59964명』(공보처 통계국, 2003), pp26.

> 하더라니까. 국군이 오고 미군이 오고 하면서 당시 우익 유가족들이 다 보복을 한다 이거야. 그러니까 다 죽이라는 거였지.
> 빨치산들은 보복을 막으려면 씨를 말려야 한다면서 일가친척들까지 모조리 잡아다가 죽였어요. …. 갓난애들은 자루에 담아서 그냥 던져 버렸구요.
> 빨치산들에 의해 처형 명령이 내려진 사람들을 처형하기 위해 개울가로 데려가다 보면 이미 80%쯤은 죽은 사람이 되어 있었던 걸로 기억이 나요. 공포에 정신이 혼미해진 거죠.

그러므로 6·25전쟁 때 후방마을에서 일어난 잔혹한 민간학살극의 주체는 남한 마을을 점령했던 북한군과 이에 앞잡이 노릇을 한 남한 각 마을의 좌파주민들이었다. 북한군이 마을에 내려오자, 각 마을에 있던 좌파주민들은 북한군을 환영한 후 합세해, 완장을 차고 북한 앞잡이로서 반공세력을 학살하는 데 앞장섰다. 그간 한마을에 살던 이웃이었는데도 불구하고 북한군이 마을에 나타나자, 돌변하여 북한군과 합세한 것이다. 6·25전쟁을 겪은 분들이 한결같이 좌파사상을 가진 이웃이 평소에는 아무런 문제가 없는 듯 보였지만, 북한군이 내려오는 등 급변사태가 벌어지니 북한군과 한편이 되어 우파 주민들을 죽이는 악마로 돌변하더라는 것이다.

전남 영광 염산교회 77명 학살(1950.10 중)
학살 주체는 북한군이 아니라 마을 좌파세력임

염산교회 순교 상상도에는 북한군이 교인들을 학살한 것처럼 그렸으나 실제는 그 지역 좌익분자(속칭 "바닥 빨갱이")들이 행한 악행이다. 영광군 지역에서는 염산교회

> (77명), 야월교회를 포함해 약 2만 명 이상이 집단 학살 당했다. 영광군 백수면 장맹룡씨는 당시 6촌 이내에 300명 이상이 집단 학살당했다.

6·25전쟁 당시 북한군과 남한의 마을 좌파주민들에 의해 학살된 민간인 수가 많았는데, 그 중에서도 인천상륙작전(9.15)과 '9·28서울수복'으로 북한군이 북으로 후퇴한 후 남한 좌파주민들에 의해 집단학살된 민간인 수가 북한군 점령기보다 훨씬 더 많았다. 6·25전쟁 기간 북한군과 남한 좌파세력에 의해 학살된 민간인 피해 규모는 6만여 명, 12만여 명, 16만여 명 등 다양한 주장들과 자료들이 있다.

그런데, 많은 국민들이 민간인 학살이라고 하면 대한민국 정부나 미군이 주로 했고, 좌파주민은 피해를 입은 세력으로 오해하는 경우가 많다. 역사적 사실을 잘못 알고 있는 경우다. 이는 좌파진영이 이 문제를 집중적으로 파헤쳐 일부 사건을 왜곡되게 선전한데다 우파진영은 이 분야의 진실 캐기에 너무 무관심했기 때문이다. 그런 결과로, 6·25전쟁의 대표적 '민간인 학살사건'으로 '노근리사건, 국민보도연맹사건, 거창양민학살사건' 등 미군이나 한국군 혹은 경찰에 의한 사건만 부각되었고, 북한군과 동네 좌파주민들에 의한 민간인 학살사건은 제대로 드러나지 않았고, 공론화되지도 못했다. 그 결과, 후방마을에서 일어난 민간인 학살사건에 대한 진실이 왜곡되었고, 6·25전쟁의 성격도 왜곡될 수밖에 없었다. 6·25전쟁에 대해 올바른 역사관을 가지려면 북한군과 남한의 좌파세력에 의한 민간인 학살의 실체를 알아야만 한다.

(3) 1950년 10월, 후퇴하던 북한정권의 후방마을 우파 주민 집단학살극

국군과 유엔군은 9월 15일 인천상륙작전이 개시되었고 13일만인 9월 28일 서울을 되찾았다. 그리고 국군은 10월 1일부로, 미군은 10월 9일부로 38선을 통과하여 북진을 시작했다. 그런데, 국군과 유엔군은 북한 전역에서 발견되는 수많은 시신을 보고서 놀라지 않을 수 없었다.

시신들이 발견된 지역은 황해도, 평안남·북도, 함경남·북도, 강원도 등 북한 전역이었다. 시신들이 집단으로 발견된 장소는 교화소(감옥), 정치보위부, 내무서, 동굴, 터널, 방공호, 공동묘지, 우물, 개울, 저수지, 바다 등 다양했다.

북한 지역에서 대표적 집단학살 지역은 함북 함흥으로, 2만여 명 이상이 학살당했다. 함흥지역 집단시신 발견 장소로는 함흥감옥 700여 구, 충령탑 지하실 200여 구, 정치보위부 지하실 300여 구, 함흥 북쪽 덕산 니켈 광산 6,000여 구, 함흥 뒷산 반룡산 반공굴 8,000여 구 등이었다.[27]

함북 함흥뿐 아니라 함남 영흥(영흥 반공호 1520호 등), 평남 평양(칠골리 2,500여 구, 승호리 4,000여 구 등), 황해도 신천·재령(35,000여 구 등) 등 북한 전역에서도 집단시신이 발견되었다.

---

[27] 박계주, 『자유공화국 최후의 날』(정음사, 1955), pp78. ; 박남식, 『실락원의 비극』(문음사, 2004), pp169-172. (한화룡, 『1950년 황해도 신천학살사건의 진실, 전쟁의 그늘』(포앤북스, 2015)에서 재인용).

함흥교화소 북한우익 시신 인양(50.10.10)

함흥감옥 700여구,

정치보위부 지하실 300여구,

충령탑 지하실 200여구 등

동굴서 꺼낸 북한우익 시신들(50.10.10)

함흥 반룡산반공굴(4km) 8,000여구 등

북한군은 국군이 동해안에서 북진을 개시한 10월 1일에 퇴각하며 학살을 시작했다. 유엔군이 북진을 개시한 10월 9일 이후 후퇴명령과 함께 반동분자 체포, 처형을 명령했다. 이 명령에 따라 국가보위부, 내무서(경찰서)를 중심으로 각 마을의 좌파주민들을 앞세워 처형할 사람을 선정하고 집단학살을 했다. 반체제세력으로 지목된 사람들 중에는 목사 등 기독교인들이 많았고, 남한에서 납북된 인사들이나 국군 포로들도 있었다. 이들이 학살한 대상은 '반동분자'로 의심되는 사람들이었다. 북한정권은 북으로 후퇴하는 급박한 시기에, 왜 많은 마을 사람들을 집단 처형했을까?

한화룡씨가 쓴 『1950년 황해도 신천학살사건의 진실, 전쟁의 그늘』에 따르면, "황해도 도당은 10월 11일 철수명령과 함께 정치보위부와 내무서에 "반동들을 색출 검거하여 무자비한 숙청을 감행"하라는 명령을 하달했다.[28] 처형 명령을 내리는 이유에 대해서는 "황해도 국방군(한국군)과 국제연합군(유엔군)에게 협력하는 자들을 말소시키고 도내 반적대, 구월산 학생유격대 등 무장반

동들과 야합을 미연에 방지하기 위해서"라고 강조했다. 내무서는 장차 들어올 유엔군과 국군에 협조할 가능성이 있는 인사들을 색출, 검거하여 '반동분자'라는 이름으로 집단학살을 자행한 것이다. 이때, 지역 사정과 인물들의 사상을 잘 아는 동네 좌파주민들을 앞장 세웠다. 평양교화소(500여 구), 함흥교화소(700여 구), 원산인민교화소, 해주교화소 등 북한 전역에 산재한 교화소(형무소), 정치보위부 등에서도 집단시신들이 발견되었는데, 평양에 처음으로 도착했던 1사단장 백선엽 장군의 수기 〈군과 나〉에도 평양교화소에서 본 집단학살 현장의 참혹상을 생생하게 기록하고 있다.

---

28) 황해도 신천내무서는 10.13 다음과 같은 포고문을 발표했다.
"다음에 해당하는 자를 색출 검거 처단하는데 협력할 것.
첫째, 인민군 신분으로 자기 대열을 떠나 도피한 자.
둘째, 군사통행증을 받고도 기피하는 자.
셋째, 자기 직장을 무단 이탈한 자.
넷째, 숙박계 없이 투숙한 자.
다섯째, 반동적인 유언을 퍼뜨리는 자.
이상 해당자는 인민의 이름으로 심판하고 인민의 이름으로 총살할 것이다.",
한화룡씨가 쓴 『1950년 황해도 신천학살사건의 진실, 전쟁의 그늘』.

> "평양형무소를 들렀을 때다. 끔찍한 광경을 목격했다. 우물마다 시체가 가득하고 맨땅 곳곳에도 생매장한 시체가 헤아릴 수 없을 만큼 많았다. 적들은 납북 인사와 소위 그들이 말하는 '반동분자'를 모조리 학살하고 달아난 것이었다. 일대는 악취가 가득하여 숨쉬기조차 힘들었다." [29]

북한 정권은 이렇듯, 지역 내 좌파주민들이 협조를 받아 반공 우파주민들을 대거 학살한 후 북으로 후퇴했다. 당시 목격자들에 따르면 북한군이 떠나고 유엔군과 미군이 점령하자 "여태까지 세도를 부리던 빨갱이는 온데간데없고 집집마다 남은 것은 곡성뿐이다."라고 탄식했다.[30] 북한군이 후퇴한 후, 우파주민들은 치안대를 구성하여 질서를 유지하는 한편 반공투쟁에 나서기도 했다.

---

[29] 백선엽, 『군과 나』(시대정신, 2010), pp129.
[30] 국방부 군사편찬연구소, 『한국전쟁의 유격전사』(국방부 군사편찬영구소, 2003), pp45-48.

02
다시 마을로 간 체제전쟁

6·25전쟁 당시 후방마을에서 일어난 체제전쟁은 70여 년이 지난 지금 대한민국 후방마을에서 다시 일어날 조짐을 보이고 있다. 왜냐하면 지금 대한민국의 주사파 같은 공산·사회주의 사상을 가진 사람들이 귀촌, 귀농운동, 마을공동체 만들기를 통해 대한민국의 하부 읍·면·동을 장악해가고 있기 때문이다. 특히 문재인 정권은 좌파 마을활동가들이 읍·면·동 주도권을 장악하도록 기반을 닦았다. 앞으로 대한민국 하부에서 좌파세력이 영향력이 커지면 커질수록 좌·우 사상갈등이 더욱 심해질 것이다.

〈쉬는 동안 읽어보기〉

인민민주주의 단계에서는 무슨 일이 일어나나?

문재인 정권 당시 국민들 사이에서는 자유민주의(자본주의)체제가 유지되고 있다고 생각하는 사람도 많았고 자유민주주의가 허물어지고 있고 인민민주주의, 사회주의체제로 가고 있다고 주장하는 사람들은 소수였다. 현재 우리나라는 자유민주주의체제가 곳곳에서 허물어지는 현상은 완연하다. 현재 체제변혁과정은 어디쯤에 있으며, 앞으로 좌파세력을 억제하지 않으면 어떤 과정을 거쳐 체제가 바뀌는지 살펴보는 것이 필요하다.

공산·사회주의세력이 정권을 잡았다고 해서 바로 자본주의체제에서 사회주의체제로 일시에 변혁하기는 어렵다. 그래서 공산·사회주의자들도 자본주의체제에서 사회주의체제로 바꾸는 과정에서 인민민주주의(586 운동권은 이를 민중민주주의란 용어로 표현)라는 중간단계(완충단계)를 거치는 것이다.(인민민주주의, 민중민주주의: 이를 프롤레타리아독재라 한다. 프롤레타리아독재란 노동자(·농민)의 독재를 의미하나, 현재말로 말하면 좌파세력의 독재다. 우파세력을 완전히 제거하지는 못했지만 좌파세력이 모든 권력을 잡고 휘두르며 우파세력(보수세력)을 적폐세력 또는 반동분자라고 매도하며 억압하는 상태를 말한다. 그들은 이러한 상태를 각색하여 인민민주주의체제라고 표현하는 것이다) 자본주의체제에서 인민민주주의체제를 거쳐 사회주의체제로 가는 길은 복잡하다. 그러므로 사상에 대한 이해가 부족한 일반 국민들로서는 도무지 어떤 행로로 진행되는지 잘 알지 못한다. 정확한 진도를 잘 모르기 때문에 불안해하기만 할 뿐 위기의식을 느끼거나 저항운동을 하지 못하는 것이다.

  자본주의체제에서 인민민주주의체제를 거쳐 사회주의체제로 안착하는 데는 수많은 체제변혁 조치들이 필요한데, 가장 중요한 포인트는 토지와 기업에 대한 개인소유권을 어떻게 국·공유로 회수하느냐, 그리고 체제변혁에 반대하는 체제수호세력을 여하히 무력화시키느냐이다. 세계 공산국가들이 공산화과정에서 공통적으로 드러낸 사항인데, 이러한 체제변혁 조치를 위해서 가장 먼저 하는 일은 정권을 잡는 것이었다. 소련군 진주 등 무력으로 집권하기도 하고 내부 혁명을 통해 집권하기도 하며, 드물지만 1970년 칠레의 아옌데

정권이나 1998년 베네수엘라 차베스 정권, 2017년 문재인 정권처럼 사회주의 지향세력이 선거를 통해 집권하여 체제를 바꾸는 경우도 있다.

공산·사회주의세력이 정권을 잡은 후 체제를 바꾸기 위해서는 헌법과 법률을 바꾸어야 하는데, 의회에서 다수 의석을 차지하는 것이 필수적이다. 이를 위해서는 혁명 주도 정당이 부정선거로 압승을 하거나, 거듭된 정당통합과정(통일전선전술)과 야당 탄압을 통해 압도적 1당을 만드는 등 갖은 방법을 통해 일당독재체제를 구축했다. 이것이 필수적 준비사항이다. 그런 정치적 기반 다지기 작업이 끝나면 본격 체제변혁 작업에 돌입한다. 그래도 막상 체제변혁 작업에 돌입하면 피해를 보는 세력들에 의해 상당한 저항이 따르기 마련이다. 그러므로 체제변혁은 어떻게 이 저항을 줄이거나 무력화시키면서 좀 더 순조롭게 진행하느냐가 관건이다. 이를 위해 국민의 지지를 더 많이 받기 위해 노력하고 이 명분과 힘('인민의 지지', '인민민주주의' 명분)으로 저항세력을 위축시키는 것이다. 이러한 과정을 통해 소수의 저항세력이 무력화되었다고 판단이 들면, 그때

서야 완전한 사회주의체제를 확립하는 것이다. 러시아(소련), 동유럽 공산국가들(폴란드, 헝가리, 체코, 동독 등), 베트남 등 모든 공산국가들이 그러한 경로를 통해 사회주의체제로 만들어 갔다. 공통적으로 인민민주주의체제라는 중간단계를 거쳐, 종국적으로 사회주의체제로 나아갔다는 사실이다.

이러한 체제변혁 과정이 북한에서는 어떻게 진행되었을까?

소련군은 1945년 8월 9일 북한에 진입한 후 모든 각지에 인민위원회 등 말단 통치기구를 설치하고 주민들을 참여시키는 등 북한통치권 장악에 나섰다.(소련군은 초기에 북한내 좌파성향 세력이 미진했으므로 우파성향 세력을 현혹, 설득, 반강제적 압박 등으로 구색갖추기 차원에서 인민위원회 등에 참여시켜 활용했다.) 소련군은 우선 8월 말 소련의 하바로프스크 소재 88여단에 있던 김일성을 물색한 후 스탈린의 낙점을 거쳐 북한 통치자로 선정했고, 그를 9월 14일 북한으로 귀국시킨 후 북한 통치자로 전면에 내세웠다. 소련군과 김일성은 조선민주당(조만식) 등 부르주아정치세력(자본주의세력, 우익세력)을 설득하고 속이는 방법(김일성은 조만식 선생에게 "대통령으로 모시겠다"고 유혹)으로 헷갈리게 하면서 서서히 김일성세력이 주도권을 잡도록 했다. 이들은 12월 모스크바삼상회의를 계기로 민족진영이 반탁투쟁을 벌이자 본격적으로 탄압, 제거하고 정치적 주도권을 확실히 장악했으며, 1946년 들어 본격적으로 인민민주주의체제(김일성을 전면에 앞세운 좌파독재)로 전환하는 노력을 본격화했다.

소련군과 김일성세력은 1946년 2월 북조선임시인민위원회(위원장 김일성)라는 사실상의 정부를 수립한 후 3월에 들어 토지개혁법령을 제정(3.5), 북한 전역에 토지개혁을 25일 만에 전격적으로 완료했다. 토지개혁은 마을별로 빈농과 머슴(고농), 소작농 등 공산당에 우호적인 사람들로 구성된 농촌위원회가 주도하였다. 토지개혁은 농촌위원회가 지주들로부터 강제로 소유 토지를 무상몰수(강제 몰수)하여 빈농, 소작농 등 농민들에게 5정보(1정보: 3,000평) 기준으로 무상분배한다는 방식이었다. 무상분배라 했지만, 실제로 소유권을 분배한 것이 아니고, 경작권만 준 것이다(경작권만 주는 것이니 무상은 당연한 것). 토지의 명의만 준 것이지만(매매, 상속, 소작, 담보 등 불가) 농민들은 환호하여 일시에 김일성 지지로 돌아섰다. 내 땅이 생겼다고 환호한 농민들로 인해 4,500여 명에 불과하던 공산당원이 토지개혁 직후 27만여 명으로 급증했다. 즉 김일성에 대해 비우호적이었던 북한 주민들이 토지개혁을 계기로 일거에 김일성 지지세력으로 돌아선 것이다. 조상 대대로 소유했던 토지를 한 순간에 빼앗긴 북한의 지주들은 48시간 내에 그 마을에서 떠나도록 강요받았다. 토지를 몰수당한 20여만 명의 지주들은 고향에서 쫓겨나 타지로 가서 막노동을 하거나 38선 이남으로 탈출하여 빈민촌의 대명사인 해방촌(천막촌)을 만들었다. 북한에서 월남한 지주들은 대체로 지식인, 자본가, 기독교인 등이 많았고, 이들이 남한으로 내려와 공산주의가 위험하다고 알리는 반공 전사 역할을 하여 대한민국의 공산화를 막는 역할을 했다.

한편 소련군과 김일성은 경제적 체제개편에 박차를 가해 1946년 8월 중요산업국유화령을 제정(8.10)하여 중요 기업들의 소유권을 정권에 귀속시켰다. 이로써 기업들의 80∽90% 이상이 정권 소유가 되었다. 아직 작은 소규모 기업들의 경우는 개인 소유권을 빼앗지 않고 인정했다. 모두 회수하는 사회주의체제 단계로 가려면 너무 저항이 크기 때문이다. 그러니까 지주, 자본가 등 큰 부자들의 재산만 빼앗고, 서민들의 작은 재산은 인정해준 것이다. 이것이 프롤레타리아독재체제(쉽게 말하면 좌파독재, 우파 억압체제) 즉, 인민민주주의체제인 것이다. 586 좌파운동권의 용어에 따르면, 민중민주주의체제인 것이다.

그러나 북한에서 모든 재산 즉 생산수단을 정권 소유로 집단화 조치한 것은 6·25전쟁이 끝난 이후부터였다. 먼저, 1953년 7월 27일 휴전협정 조인 후 김일성정권은 이를 토대로 사회주의체제 확립작업에 나섰다. 북힌 노동당이 '전 경제의 사회주의적 개조'라는 명목을 내세우고 일체의 생산수단 공유화를 주장했다. 북한 김일성정권은 이렇듯 1953~58년간 집단농장제로 개편하여 모든 토지의 소유권을 개인에게서 협동농장으로 귀속시켜 토지의 사회주의화를 종결했다(모든 토지의 사유제 폐지, 모든 토지의 집단화). 또한 전후복구 3개년이 끝난 1956년, 전쟁 영향으로 얼마 남지 않은 자본주의

기업경영을 완전 소멸시켰다. 모든 기업 등 산업의 소유권을 이른바 '국유화 조치' 하여 경제적 사회주의체제를 확립했다. 북한 정권은 이로써 얼마 남지 않은 자본주의체제의 잔재 즉, 작은 사기업들도 모두 개인 소유권을 박탈, 정권 소유로 집단화 조치했다. 그리고 모든 인민에 대한 노동력에 대한 관리도 정권이 장악, 통제했다. 이로써 북한은 1950년대 중후반 모든 생산수단의 사유권 박탈과 정권 소유로 이전 등을 통해 완전한 사회주의체제를 확립했다. 이런 가운데 1956년 김일성은 종파분쟁을 통해 반김일성파를 모두 제거함으로써, 정치적으로도 김일성 1인 지배체제를 확립했다.

북한의 공산화과정을 재정리하면, 1950년대 중반 사회주의체제가 확립되기 전까지 개인의 작은 재산이 어느 정도 허용되었는데, 이를 인민민주주의체제라고 한다. 이러한 인민민주주의체제를 거쳐 저항 요소를 줄여가고 반발세력을 서서히 제거한 후에야 비로소 사회주의체제로 확립해 간 것이다. 북한이 공산화과정에서 나타난 저항세력을 어떻게 제거해 갔는지를 보면, 첫째 지주, 자본가들을 남한으로 이탈(대규모 월남)하게 했고, 그 다음 6·25전쟁 때 1950년 10월 집단학살을 통해 남은 세력을 완전히 제거했다. 이로써 북한에 김일성 공산·사회주의체제로 변혁에 저항세력을 대부분 제거한 다음 1953년부터 1958년까지 사회주의체제를 완벽하게 확립할 수 있었다.

북한은 1945년 8월 소련군이 진군하여 체제변혁작업에 시작한 후 10여 년이라는 세월에 걸쳐 완벽한 사회주의체제를 확립한 것이다. 물론 사회주의 전 단계인 인민민주주의체제 기간이라고 하여 자본주의세력, 자유민주주의세력을 우대하거나 공존 대상으로 취급하는 것은 결코 아니다. 완전히 제거하지 않는다는 뜻이지, 박해를 통해 숨통을 점차 조여가서 북한 지역에서 이탈하도록 했다. 북한의 기독교도들은 1945년 말부터 교회와 기독교에 대한 탄압과 압박감이 점점 커져갔고, 1947년경에 이르러서는 예배를 보는 것도 힘들어졌다. 6·25전쟁 중에는 거의 모든 교회들이 무기 보관창고 등으로 활용되었다.

북한의 사회주의체제 확립과정에서 얻는 교훈은 무엇인가? 1946년 3월 내 땅 생겼다고 좋아했던 북한 주민들은 1950년대 집단농장화과정에서 토지개혁 때 받은 땅을 다시 빼앗기고 말았다. 북한 주민들은 '빈민을 위한다', '평등한 세상 만든다', '공짜로 땅을 준다' 는 공산·사회주의자라는 '체제 사기꾼들의 그 달콤한 말'에 속은 대가로 세계 최악의 김일성정권을 세워주고, 자신들의 모든 자유권마저도 박탈당했으며 70년 이상 감옥과 같은 삶을 사는 참혹한 결과를 낳았다.

역사적으로 공산·사회주의국가들의 체제변혁과정을 보면, 모두 일시에 일어나지 않았고, 짧게는 몇 년, 길게는 십여 년 이상 밀고 당기면서 체제변혁을 완료한 것이다. 이러한 과정에서 저항세력은 불가피하게 학살, 투옥 등 피해를 본 것이다.

07

제7장

마을로 간 체제전쟁, 어떻게 승리할 것인가?

**체제전쟁, 내전 중인 대한민국을 회복하는
최고의 방법은 국민들이 스스로 일어나 나라를 바로 세우려는
자발적 국가수호운동이다. 그 중에서도 내가 살고 있는 마을을
스스로 지키는 자유마을운동이다.**

◆

이 책에서 말하고자 하는 핵심은 이것이다. '대한민국은 지금 체제전쟁 중이다. 사회주의체제로 바꾸려는 세력과 자유민주주의체제를 지키려는 세력과의 치열한 사상전쟁, 체제전쟁이 일어나고 있다. 일종의 내전이 진행 중이다. 그런데, 이러한 체제전쟁이 지금 전국 읍면동 마을 곳곳에서 일어날 조짐을 보이고 있다. 좌파세력은 대한민국의 하부 마을을 장악해 체제를 바꾸려 하기 때문이다.' 라는 것이다.

'대한민국 하부 읍면동 마을을 좌파가 완벽히 장악하느냐, 우파가 다시 장악하느냐?'에 따라 대한민국과 국민들의 운명이 결정날 것이다.

이 전쟁은 정부의 힘 만으로는 안된다. 자유민주주의를 좋아하는 국민들이 모두 함께 나서야 한다. 우파진영의 사상적 권위자인 양동안 교수는 지금으로부터 34년 전인 1988년 주사파세력이 학생이었을 때도 이미 "정부의 힘만으로는 안된다. 민간 우익이 일어나야 한다."고 했다. 적화가 한참 진행된 지금이야 더 말할 필요가 없다. 정부와 경제계, 종교계, 우파시민 등 자유민주주의 수호세력이 함께 힘을 모아야 한다. 이들이 자유민주주의체제를 수호하기 위해서는 어떻게 해야할까?

01

좌파가 장악하고 있는 대한민국 현실 그대로 인식하기

(1) 결코 과장이 아니다

국민들의 상당수는 국가위기, 체제위기를 말하면 농담하거나 과장하는 줄로 생각한다. 그런데, 결코 과장이 아니다. 이미 기울어진 운동장을 넘어 전복(顚覆, 뒤집어짐)되고 있는 중이다. 국가의 체제수호 기능이 무력화 또는 와해상태에 처했다고 해도 과언이 아니다. 북한에서 대남공작전략을 수립하고 총지휘했던 김국성 씨도 대한민국 상태를 보고 "자신이 북한에 있을 때 파악했던 것보다 막상 직접 겪어보니 훨씬 더 심각하게 무너져 있다"고 말할 정도다. 대한민국이 무너진 것은 무기와 경제력이 약해서가 아니다. 정치인, 공직자, 국민 모두 사상적, 정신적 상태가 무너져 있기 때문이다. 특히 젊은 세대들은 체제위기가 심화되고 있다는 사실 자체도 모르는 중증상태다.

대한민국은 이미 김대중, 노무현 정부 때부터 적화의 길로 들어서 달리기 시작했다. 2012년 12월 대선에서 종북 성향 정당으로 평가되는 통진당(이석기)과 민주당(문재인)이 공동정권을 잡을 뻔한 일도 우연히 일어난 일이 아니며, 이재명과 경기동부연합(이석기그룹)이 대통령 후보가 되고 더불어민주당의 주도권을 장악한 것도 적화의 단면 중 하나다.

문재인 정권 5년을 거치며 입법부, 행정부, 사법부는 물론 지방행정까지도 주도권이 좌파세력에게 넘어간 상황이다. 이미 경제계도 민노총 등에 의해 장악당한 상황이며, 국민의식을 좌지우지하는 언론계도 마찬가지다. 특히 자라나는 세대의 의식을 심는 교육계가 좌파에게 넘어간 것은 20-30년이 넘었고 대중들의 의식에 큰 영향을 미치는 영화, 드라마, 문학 등 문화분야는 더 말할 필요가 없다. 좌파세력은 이제 마지막 남은 진지인 읍·면·동 마을을 완전히 장악하기 위해 진격 중이다.

대한민국의 이러한 적화의 이면에는 북한의 공작이 작

동하고 있다. 북한의 대남공작 전략을 수립하고 총지휘했던 김국성씨가 분명히 증언했다.

(2) 자유민주주의자들이 훨씬 많은데, 왜 이렇게 되었나?

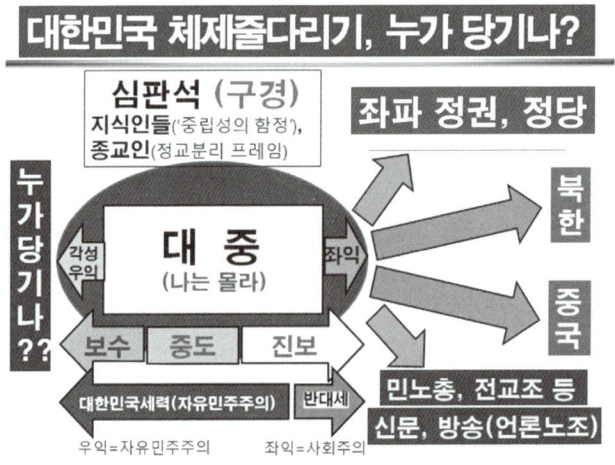

이렇게까지 체제위기가 진행된 것은 좌파세력의 혁명의지와 투쟁능력이 강한 탓도 있지만 우파세력의 책임도 없지 않다. 우파세력은 자유민주주의를 즐기기만 할 뿐, 체제를 지키기 위해 행동을 하지 않는다. 무관심과 안일

함, 기회주의 속성과 타협주의, 도피의식, 행동하지 않는 비겁성 등이 문제다.

자유민주주의를 좋아하는 국민들이 많은데도 왜 이런 위기가 닥치는 것일까? 그림을 통해 이해해보자. 좌파세력은 소수이기는 하나, 강력한 투쟁력과 단결력으로 사회주의체제로 가는 줄을 당긴다. 북한과 중국이 대남공작을 통해 줄을 당기고 남한 내 좌파정권과 정당, 민노총, 전교조 등 좌파단체와 좌파 신문·방송 등이 국민들을 선동하여 사회주의로 가는 줄을 당긴다.

대한민국 국민들의 다수는 자유민주주의 좋아하나, 자유민주주의체제를 지키기 위해 행동에 나서는 사람은 극소수이다. 왜냐하면 국민들의 다수가 자유민주주의체제가 위기에 처했다는 사실을 모르기 때문이다. 조금 알고 있더라도 "나 하나 쯤이야", "중립성의 함정"에 빠져 심판석에 앉거나 '구경꾼' 행동을 한다. 그래서 소수의 좌파세력에게 패배한 것이다. 이러한 자유민주주의 우파세력이 좌파세력에게 절대적으로 불리한 상황에 있다는 것을 깨닫는 것이 필요하다.

다행스럽게도 최근에 와서 윤석열 정부가 무력한 것을 보고 사태의 심각성을 깨닫기 시작한 것 같다. 특히 '마을이 위험하다'는 현실을 깨달아 가는 국민들이 점점 많아지고 있다. 매우 고무적인 현상이다. 위기의 실상을 철저히 깨달을 때, 위기를 돌파할 방법이 나오는 법이다.

(3) 이미 상당수 읍·면·동 마을이 적화의 길로 들어섰다.

좌파 마을활동가들이 빠른 속도로 대한민국의 하부 읍면동 마을을 장악해가고 있는데, 그 진격속도가 상당히 빠르다. 문재인 정권은 집권 5년 동안 '지방분권' 정책을 집요하게 추진했고, 그 연장선상에서 주민자치기본법안 등 마을장악 입법들을 우후죽순처럼 발의했다. 이미 조례를 통해 1,200여 개 이상의 읍면동에서 좌파형 주민자치회가 시행되고 있고, 더 많은 읍면동이 다양한 우회적 방법으로 알게 모르게 좌파 마을활동가들에 의해 접수되고 있는 중이다.

좌파세력이 대한민국 하부 읍·면·동 마을로 빠른 속

도로 점령하고 있다는 것은 대한민국 상부가 그들 세력에 점령되었다는 증거다. 이미 입법부, 행정부, 사법부, 언론계, 학계, 문화계 등이 좌파세력의 영향권 아래 들어갔고, 마지막 남은 대한민국 하부 읍면동 마을마저 그들에게 접수되어 가고 있는 형국이다. 윤석열 정부도 단단한 각오를 하지 않으면 회복하기 어려울 것이다.

02

내전에서 이기는 최고의 방법, 자유마을운동

(1) 자유마을운동이 최적의 방법이다

체제전쟁, 내전 중인 대한민국을 회복하는 최고의 방법은 국민들이 스스로 일어나 나라를 바로 세우려는 자발적 국가수호운동이다. 그 중에서도 내가 살고 있는 마을을 스스로 지키는 자유마을운동이다. 저자가 1년 반 동안 전국 지방을 다니며 주민자치회가 위험하다는 것을 알려주면 놀라지 않은 사람이 거의 없었다. 대한민국 전체가 위험하다고 하면 별 반응이 없다가도 "여러분이 사는 읍면동 마을이 위험하다. 왜 그러냐 하면 …"이라고 조곤조곤 설명해주면 바로 큰 충격을 받고 분노하면서 곧바로 행동하겠다는 반응을 보였다. 이는 자신이 사는 마을에서 일어나는 문제여서 자신의 문제라는 위기 의식을 절감하기 때문일 것이다. 3,500여 개 읍면동 자유마을운동이야말로 6·25전쟁 때 맥아더 장군이 감행한 인천상륙작전처럼 전세를 역전시킬 수 있는 최적의 길이구나 하고 느꼈다.

(2) 자유마을운동, 바로 이런 것이다

자유마을운동이란 어떤 내용일까? 대한민국 밑바닥인 3500여 개 읍·면·동 마을마다 우파 마을조직을 만들고 주민들을 깨우고 결집해 좌파세력을 고립시키고 대한민국을 재건하는 최고의 방법이다. 구체적으로 설명하면, 다음과 같다.

첫째, 마을이 위험하다는 것을 먼저 깨달은 주민들을 중심으로 3,500여 개 읍·면·동별 자유마을운동 조직을 만든다. 자유마을운동 조직은 좌파 마을조직에 대항하는 우파 마을조직이며 행동하고 투쟁하는 진지다.

둘째, 자유마을운동은 자유마을 리더들을 양성하는 교육운동을 제일 먼저 해야 한다. 무슨 운동이든지 각성된 지도자가 없으면 불가능하다. 박정희 대통령 때 새마을운동도 새마을연수원을 통해 지도자 양성교육을 대대적으로 했기 때문에 가능했다. 우리도 자유마을훈련원(가칭)을 통해 전국적으로 자유마을 지도자 양성교육을 실시해야 한다.

셋째, 교육을 통해 깨어난 마을리더들은 이웃 주민들을 깨우는 '주민깨우기운동'을 대대적으로 전개해야 한다. 주민들을 개인접촉하거나 소책자, 전단지 등을 나눠주는 등 다양한 방법으로 주민깨우기운동을 꾸준히 전개해야 한다. 주민들에게 다가갈 때, 친절하고 다정다감한 자세를 가져야 하고, 흥분하고 화를 내는 것은 금물이다.

넷째, 마을주민과 유권자들을 결집하여 총선, 지방선거 등에서 압승을 거두도록 해야 한다. 그래야 문재인 정권과 좌파 마을활동가들이 만들어 놓은 악법(법률, 명령, 조례 등)들을 찾아내 폐지 시킬 수 있고, 대한민국 정치혁명이 가능하다.

다섯째, 자유마을운동은 대한민국의 정치혁명을 이룬 후, 북한을 해방하는 자유통일운동을 이룰 수 있다. 김일성, 김정일, 김정은 정권에 의해 억압받는 북한 동포 2,500만 명을 고통에서 해방시켜야 한다.

03

자유마을운동이 성공하려면

(1) 마을내전에 승리하려면 집체훈련 받아야

마을전쟁에서 승리하려면 좌파 마을활동가들이 어떤 전략전술로 접근하는지 알고 싸워야 한다. 3,500여 개 읍·면·동 자유마을 지도자와 참여자들은 자유마을훈련원에서 체계적인 훈련을 받아야 한다. 일치된 네비게이션을 장착해야 일치단결된 행동통일이 가능하다.

체제전쟁에 필요한 교범으로는 『대한민국은 체제전쟁 중』, 『다시 마을로 간 체제전쟁』 등 소책자들은 물론 저자가 반대한민국세력의 실체를 분석한 책 『반대한민국세력의 비밀이 드러나다』, 『2030반대한민국세력의 비밀이 드러나다』이나 『주민자치기본법 공산화의 길목』 등을 필독해야 한다. 양동안 교수가 쓴 『대한민국 건국 전후사 바로알기』, 『정치사상용어 바로알기』 등을 같이 공부하면 짧은 시간에 사상에 대한 강력한 무장력을 갖출 수 있을 것이다.

(2) 자유마을운동, 효과가 빨리 나타날 것

자유마을운동의 효과는 절대 오래 걸리지 않는다. 읍면동 지역은 범위가 매우 좁아 신속한 전파가 가능하고, 이해가 쉽기 때문이다. 일례로, 자유마을운동가들이 사람이 많이 다니는 전철, 시장통 등에서 꾸준히 소책자 등을 나눠주는 운동만 해도 짧은 시간 내에 전 주민에게 알릴 수 있고, 금방 여론화시킬 수 있다. 주민들이 몰라서 그렇지, 마을이 얼마나 위험한지를 깨닫기만 한다면 마을의 여론이 바뀌고 큰 변화가 일어날 것이다. 대한민국 국민 속에는 6·25전쟁에서 체득된 반공정서가 내재되어 있기 때문이다. 주민들은 "우리 마을이 좌파들의 손에 넘어가고 있구나."라는 사실을 깨닫는 순간, 마을에서 분노의 폭풍이 일어날 것이다. 이러한 의분이 일어나는 순간 마을의 분위기는 사뭇 달라질 것이다.

04
읍·면·동 마을을 지키기 위한 각계의 합동작전

(1) 정부가 해야할 일

윤석열 정부는 관련 부처와 지방자치단체, 전문가들이 머리를 맞대고 어떻게 대응할지 고민해야 한다. 자치분권위원회가 추진한 4년간 보고서, 활동내용 등을 수집, 분석하여 문제점이 무엇인지, 어떤 대안이 필요한지 검토할 필요가 있다. 행안부는 좌파형 주민자치회 폐지 노력을 기울여야 한다. 지방의회 구성상 폐지가 어려운 경우, 주민깨우기운동을 전개함과 동시에 좌파활동가들을 견제하는 다양한 방안을 강구해야 한다.

또한, 정부는 문재인 정권이 지방분권 명분으로 추진했던 좌파활동가들에게 주었던 권력과 돈을 어떻게 사용했는지 면밀히 조사하고 불·탈법적 요소가 있으면 반드시 합당한 법적조치를 취하고, 그 결과를 국민들에게 알리도록 해야 한다.

(2) 경제계에서 해야할 일

대기업, 중소기업 등 기업주들이나 부자들은 마을을 지키는 우파 마을운동에 적극 동참해야 한다. 자신의 재산과 자유를 스스로 지켜야 하기 때문이다. 내 기업과 재산을 지키기 위해서는 마을에 기업 우호세력을 장기적으로 많이 양성해야 한다.

지금까지 기업주들은 "기업은 열심히 돈을 벌어 세금만 잘 내면 애국이다"라는 관념을 가졌다. 그러나 세금을 많이 내면 낼수록 복지정책을 펴는 좌파정치세력에게 힘을 실어주는 것이다. 세금을 많이 낸다고 국민들이 기업에 고마워하지 않는다. 더 많은 복지를 주겠다고 공약하는 좌파정치세력에게 고마워하며 표를 더욱 던지는 것이다. 기업가 등 부자들은 정부에 세금을 더 많이 내는 것보다 직접 이웃들에게 배려, 봉사하고 복지를 나누기도 하고, 자유마을운동 등 건전 우파 주민운동에 적극 지원하는 방향으로 전환해야 한다. 이웃들이 같은 마을에 이런 기업가 등 부자들이 있다는 사실에 고마움을 느끼게 해야한다. 그러면 좌파 마을활동가들이 마을주민들에게 다가가 '부자들은 나쁘다. 탐욕스럽다. 노동자들을 착취한다.' 는 등 부자들에게 증오하는 마음을 갖도록 선동해도 먹혀들지 않는다. 그것이 기업과 마을주민이 서로 상생하는 길이고 대한민국 체제도 보존하는 첩경이다. 기업가 등 부자들이 위기의 대한민국 상황을 절감하고 "경제인들은 나라를 위해, 마을을 위해 어떻게 해야 하나?"를 반문하면서, 노블레스 오블리주 정신을 재정립할 때다. 또한 마을 우파조직과 세력을 양성해 기업 우호생태계를 만들어야 한다.

(3) 기독교 등 종교계가 해야할 일

기독교 등 종교계는 대한민국의 자유민주주의체제를 지키는 마지막 보루다. 기독교(개신교 지칭), 천주교, 불교 등 종교계는 신앙의 자유가 허용되어야만 존재하기 때문이다. 여기서는 체제수호운동에 가장 적극적인 개신교를 중심으로 설명할 것이다.

좌파 마을활동가들이 읍·면·동 주민자치회, 마을교육공동체 등 마을을 완벽하게 장악한다면, 가장 큰 타격을 볼 대상은 교회일 것이다. 앞에서도 언급했지만 마을에서 교회를 탄압할 주체는 주사파와 네오막시즘 등이 혼재한 변종공산주의세력이다.

이러한 다양한 좌파 마을활동가들이 주민자치회 등을 장악하고 교회를 감시, 통제하고 공격한다면 견뎌낼 수 있겠는가? 이것에 대비할 방법이 없나? 있다면 그 해법은 무엇인가?

목회자들은 물론 교인들도 교회 안에 머물지 말고 교회 밖으로 나와 마을의 주민 속으로 들어가야 한다. 원래 교회는 마을주민 속으로 들어가 함께 울고 웃으며, 농사일을 돕는 등 마을의 주민들과 함께 하는 과정을 통해 대부흥운동이 일어났다. 오늘 대한민국의 체제위기가 닥쳐온 것은 바로 교회가 마을에서 철수하여 교회 안에서만 활동한 탓이며, 그 빈공간을 좌파 마을활동가들이 서서히 장악해 간 것이다. 교회는 다시 마을로 내려가 주민들을 품도록 해야 한다. 영국의 감리교 창시자 요한 웨슬레는 교회가 마을주민들을 위하는 마을운동을 적극 전개했는데, 이를 통해 영국의 하부 마을주민들을 품었다. 그 결과, 영국으로 파고드는 마르크스 공산주의 쓰나미를 막아낼 수 있었다고 한다. 교회의 건전한 마을운동은 마을 좌파세력을 물리쳐 대한민국을 살리고 나아가 대한민국 국민들을 전도하여 기독교입국론을 실현할 수 있을 것이다.

부록:01

"주민자치기본법안의 조문별 분석"

부록:02

김영배 더불어민주당 의원 대표발의
"주민자치기본법안"
(의안번호 : 2107787)

부록:01

주민자치기본법안의 조문별 분석

■ 제1조 : 목적

제1조(목적) 이 법은 주민이 풀뿌리자치의 활성화를 위하여 읍·면·동에 주민총회와 주민자치회를 설치·운영하기 위한 기본사항과 지원체계를 규정함으로써 마을민주주의를 통한 주민자치 실현과 주민의 삶의 질 향상을 목적으로 한다.

제1조는 주민자치기본법의 목적을 규정했다. 주민자치기본법의 목적은 "읍·면·동에 주민총회와 주민자치회를 설치, 운영을 위한 기본사항과 지원체계를 규정"하는 것이라고 했다. 쉽게 말하면, 말단지방조직인 읍·면·동에 주민총회와 주민자치회 설치, 운영에 관한 규정이라는 것이다.

■ **제2조 : 기본원칙**

제2조(기본원칙) ② 주민자치회는 주민의 자율성, 독립성, 운영과정의 민주성과 개방성을 준수하여야 하며, 정치적 중립을 원칙으로 한다.

제2조는 '기본원칙'을 규정했다. 제2조 2항에는 "주민자치회는 주민의 자율성, 독립성, 운영과정에서의 민주성과 개방성을 준수하여야 하며, 정치적 중립성을 원칙으로 한다"라고 규정하고 있다. 겉보기에 좋은 말로 포장했지만, 좌파세력의 음흉한 속뜻을 알고 속지 말아야 한다.
① 주민의 '자율성', '독립성'의 의미가 뭘까? 누구로부터 자율성과 독립성이냐? 아마도 중앙정부와 지방자치단체(도, 광역시 – 시, 군, 구)로부터의 자율성과 독립성일 것이다. 주민과 주민자치회가 중앙정부와 자치단체로부터 자율성과 독립성을 확보할 경우, 중앙정부와 지방자치단체의 무력화가 예상되고 주민자치회가 과도한 권력 행사를 하게 될 것이다. 꼬리가 몸통을 흔드는 격이다.
② 운영과정에서의 '민주성'과 '개방성'도 의도를 숨긴

용어이다. 여기에서의 '민주성'이란 자유민주주의가 아닌 인민민주주의 의미로 이해된다. 이 개념에 따르면, 좌파주민이 주민자치회를 주도하며, 우파주민을 억압, 통제하는 것을 내포한다. '개방성'이란 주민자치회가 각종 좌파단체들과의 네트워크 관계를 구축하고 긴밀히 교류하고 협력적으로 운영하는 것을 의미한다. 주민자치회가 사업과 돈을 주변 좌파단체에게 위임, 위탁 등을 통해 과업과 돈을 배분할 수 있도록 하려는 명분이 아닐까 생각된다.

③ 주민자치회는 "정치적 중립성을 원칙으로 한다"고 규정하고 있으나, 진의를 믿을 수 없다. 민노총 강령, 전교조 자료에도 있듯이 좌파세력은 정치권력을 장악하는 것을 최고의 목표로 삼는 등 정치지향성을 결코 포기하지 않는다.[31] 주민자치회도 마찬가지다. 가장 정치적인 조직활동을 추구하면서도 겉으로만 '정치적 중립성'을 내세우니, 정말 '눈가리고 아웅'인 것이다. 2022년 대선에서 전북의 마을활동가 15,000여 명이 단체로 이재명지지 선언을 한데서도 잘 알 수 있다.

■ **제4조 : 국가 및 지방자치단체의 책무**

제4조(국가 및 지방자치단체의 책무) ① 국가와 지방자치단체는 풀뿌리자치의 활성화를 위해 … 지원정책을 수립하고 시행하여야 한다.
② 국가와 지방자치단체는 주민자치회의 운영비를 포함한 행정적·재정적 지원을 해야 한다.

제4조는 국가 및 지방자치단체의 책무를 규정하고 있다. 제4조는 "국가와 지방자치단체는 풀뿌리 자치의 활

---

31) ① 민노총 강령 7개항 중 제2항: "우리는 노동자의 정치세력화를 실현하고 제민주세력과 연대를 강화하며, 민족의 자주성과 건강한 민족문화를 확립하고 민주적 제권리를 쟁취하며 분단된 조국의 평화적 통일을 실현한다." – 북한과 통일을 하겠다는 것은 고도의 정치적 행위이다. ② 전교조 출범(1989.5.28.) 당시 창립선언문, 강령 및 규약 등에서 '참교육'을 표방했는데, '참교육'은 "민족, 민주, 인간화 교육"이라고 규정하고, '참교육'이란 "군사독재를 청산하고 민주화를 이루고 분단된 조국의 통일을 앞당길 동량을 육성하는 것"이라고 정의하여, 종북적 정치투쟁을 위한 혁명가를 양성이 목적임을 드러낸 것이다. 전교조는 반체제적 정치투쟁을 하는 단체임을 밝힌 것이다. 또한, 2000년 10월 4일 전교조 홈페이지: "참교육이란 자주·민주·통일 시대를 대비하는 교육", "자주·민주·통일국가 수립은 사회의 시대적 요구이므로 교육을 정하는 기준이 정치사상적 이념에서 나와야 한다"며, 참교육이란 곧 종북적 정치사상(자민통)에 기반하고 있음을 실토했다.

성화를 위해 지원정책을 수립하고, 시행하여야 하며 행정적·재정적 지원을 해야 한다"라고 규정하고 있다. 국가와 지방자치단체는 5년마다 종합지원계획을 수립하고, 읍·면·동 주민자치회 운영을 위한 재정지원 등 다양한 지원 의무를 규정하고 있다. 그 지원 규모나 내용이 광범하고 전방위적이며 전폭적이다. 읍·면·동의 주민자치회는 국가와 지방자치단체로부터 총력지원체제로 운영되는 듯하다.

■ 제5조 : 주민 및 주민자치회의 책무

제5조(주민 및 주민자치회의 책무) ③ 주민과 주민자치회는 노동, 인권, 환경, 복지 등 관계 법령에서 규정한 사회적 책임 사항을 준수하여야 한다.

제5조는 주민과 주민자치회가 져야 할 책무를 규정하고 있다. 특히, 제3항에는 "주민과 주민자치회는 노동, 인권, 환경, 복지 등 관계 법령에서 규정한 사회적 책임 사항을 준수해야 한다"고 규정했다. 여기에서 언급한 노동(동일노동 동일임금 등), 인권(젠더 등), 환경, 복지 등은 네오

막시즘(변종공산주의) 노선이며, 차별금지법 등 기독교계와 경제계 등 자유민주주의세력이 반대하는 노선이다. 다시 정리하자면 전국 읍·면·동 주민들은 좌파 마을 활동가들이 따르는 네오막시즘(변종공산주의) 노선의 관련 법들을 추종하라. 추종하지 않을 경우, 주민자치회가 위반 여부를 조사, 처벌하겠다는 강압적 조항이다. 주민자치회와 주민이 사회주의 노선의 관련 법령을 준수하는 것이 법적 의무이자 책무가 되는 것이다. 사회주의 노선을 반대하는 기독교인과 우파세력은 이 법안에 의해 감시, 통제 대상이 되는 셈이다.

■ **제7조 : 주민의 자격**

제7조(주민의 자격) ① 다음 각 호의 어느 하나에 해당하는 경우 이 법에 따른 주민으로 본다.
  1. 해당 지방자치단체의 관할 구역에 주민등록이 되어 있는 사람
  2. 「재외동포의 출입국과 법적 지위에 관한 법률」 제6조 제1항에 따라 해당 지방자치단체의 국내거소신고인명부에 올라 있는 사람

3. 「출입국관리법」 제10조에 따른 영주의 체류자격 취득일 후 3년이 경과한 외국인으로서 같은 법 제34조에 따라 해당 지방자치단체의 외국인등록대장에 올라 있는 사람
② 다음 각 호의 어느 하나에 해당하는 경우, 조례가 정하는 별도의 절차를 통해 주민자치회의 주민으로 본다.
　　1. 해당 행정구역 내에 주소지를 가진 기관이나 사업체에 근무하는 사람
　　2. 해당 행정구역 내에 주소지를 가진 「초·중등교육법」 제2조제2호에서 제5호까지의 학교 및 「고등교육법」 제2조 각 호의 학교에 소속된 학생과 교직원

제7조는 주민의 자격을 규정한 조항이다. 다시 정리하면, ▷해당 읍·면·동에 주민등록이 된 사람뿐 아니라 ▷일정 조건 하에 등록된 재외동포와 외국인, ▷해당 읍·면·동에 주소지를 가진 기관, 사업체에 근무하는 모든 사람, ▷해당 읍·면·동 내 주소지를 가진 모든 학교에 소속된 학생과 교직원을 주민의 자격을 갖도록 했다. 간략히 정리하면, 해당 읍·면·동에 주소지를 가진 주민등록자 외에 해당 읍·면·동에 등록된 재외동포와

외국인, 해당 읍·면·동에 주소지를 가진 기관, 사업체, 학교의 구성원들도 주민에 포함되도록 한 것이다.

주민등록자는 실제 거주하는 진짜주민을 말한다. 다른 사람들은 대한민국의 국적이 없거나 해당 읍·면·동에 주민등록이 되어 있지 않은 가짜주민이다. 단지 해당 읍·면·동에 직장, 학교가 있다는 이유로 주민의 자격을 부여하여 주민자치회 활동을 할 수 있도록 한 것인데, 여러 가지 문제들이 발생한다.

▷먼저, 국적이 없는 재외동포와 외국인이 주민자치회에 참여하도록 한 것인데, 대한민국 국민이 아닌 사람이 대한민국 국민과 같은 공민권을 행사하도록 한 것이 문제다. 헌법 위빈 소지가 있나. 또한, 중국인, 이슬람인 등이 주민자치회에 참여할 경우, 차이나타운 반대운동이나 이슬람사원 건립반대 등을 할 수 없게 된다. 대한민국 국민들이 가지는 주권 보호활동이나 표현의 자유, 종교의 자유 등이 침해당하게 된다.

▷해당 읍·면·동에 주소지를 가진 사업체(공기업, 대기업, 중소기업 등)의 경영자들과 직원들도 주민에 포함된다.

해당 읍·면·동에 주소지를 가진 사기업의 사주는 물론 노동자들도 주민자치회 활동이 가능하다. 반대로, 주민자치회는 해당 읍·면·동에 주소지를 가진 기업들의 사주와 직원 모두가 주민이기 때문에 통제와 간섭을 할 수 있다. 기업들은 지금까지 중앙정부로부터 통제만 받았으나 앞으로는 해당기업 소재지의 주민자치회로부터도 상당한 간섭과 통제를 받을 것이다. 특히 기업체의 노동자들이 집단적으로 해당 읍·면·동 주민이 되는데, 이로 인해 읍·면·동마다 민노총 하부조직이 만들어진다. 무소불위의 권한을 행사하는 민노총이 읍·면·동 조직까지 갖춘다면 대한민국은 바야흐로 민노총 공화국이 될 위험성이 크다.

▷해당 읍·면·동에 주소지를 가진 학교(초·중·고등학교, 대학교 등)의 교사 등 교직원과 학생들이 다 함께 해당 읍·면·동의 주민이 된다. 따라서 교사들은 학생들에게 "우리는 다같이 이 읍·면·동의 주민이자 주인이다. 우리 읍·면·동에 관심을 갖고 토론해 보자"며 마을문제를 소재로 정치, 사상교육이 실시할 수 있다. 교사들

이 학생들을 인솔해 주민총회에 나타나 단체로 투표권을 행사할 수 있다.

▷이 법에 따르면, 한 사람이 여러 읍·면·동에 주민이 될 수 있다. 실제 거주하고 주민등록이 되어 있는 읍·면·동의 주민임과 동시에 직장(사기업, 공공기관, 학교 등)이 있는 읍·면·동에도 주민이 된다. 그러므로 대다수 국민들은 여러 읍·면·동에 중첩적으로 주민이 된다.

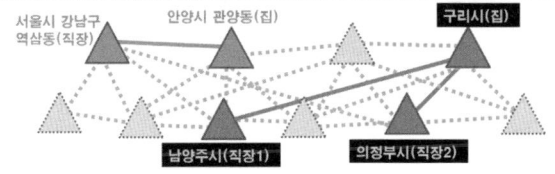

이는 한 사람이 여러 주민자치회에 중첩적으로 활동할 수 있다는 의미이기도 하지만, 여러 주민자치회로부터

중첩적으로 통제를 받을 수 있다는 의미이기도 하다. 한 주민의 정보는 여러 주민자치회가 공유해야 할 것이고, 개인에 대한 정보망이 그물망처럼 촘촘하게 갖추어질 것이다. 개인의 프라이버시는 점점 더 침해당할 것이다.

■ 제8조 : 주민의 권리와 의무

제8조(주민의 권리와 의무) ① 모든 주민은 성별, 신념, 종교, 인종, 세대, 지역, 학력, 사회적 신분, 경제적 지위나 신체적 조건 등에 의해 차별을 받지 아니하고 주민자치회에 자발적으로 참여할 수 있으며 기회균등을 보장한다.

제8조는 주민의 권리와 의무를 규정하고 있다. 특히 제8조 제1항은 "모든 주민은 성별, 신념, 종교, 인종, 세대, 지역, 학력, 사회적 신분, 경제적 지위나 신체적 조건 등에 의해 차별을 받지 아니하고 주민자치회에 자발적으로 참여할 수 있으며, 기회균등을 보장한다"라고 규정했다. 모든 주민은 '차별금지'를 받지 않는 조건을 열거했는데, 특히 성별, 신념, 종교, 인종 등 항목에 유의할 필요가 있다. ▷성별이란 남여 성별 외 동성애 등 다양한

성적 지향을 내포하는 것으로 판단된다. 마을활동가들은 젠더 개념으로 받아들이기 때문이다.[32)]

▷ '신념'이란 정치이데올로기, 사상에 대한 '신념'을 의미하며 사회주의, 공산주의, 주체사상 등에 대한 '차별금지'를 내포하는 것으로 이해된다. ▷종교에 대한 차별금지란 이슬람교, 불교 등 종교간의 차별금지뿐 아니라 통일교, 신천지 등 사이비 또는 이단종파에 대한 비판을 허용하지 않는다. 이렇게 되면 정통 기독교가 이단, 사이비에 의해 역차별을 받을 것이다. 이러한 차별금지 규정은 결국 기독교의 정체성 확립을 불가능하게 할 뿐 아니라 교리 혼란이 심해지고 기독교 자체의 붕괴가 가속화될 것이다. ▷인종에 대한 차별금지란 외국인에 대한 차별금지를 의미한다. 주민자치회에 외국인이 주민으로

---

32) 서울시마을공동체종합지원센터 홈페이지에 따르면, "2기 마을기본계획(2018-2022)의 비전은 '마을과 자치, 시민이 만드는 서울'로 마을공동체의 성장과 생활자치의 활성화를 목표로 합니다. 사회적 우정을 경험하고, 주민이 직접 결정하는 생활 속 주민자치를 이루어 아래로부터 실현되는 분권과 협치가 형성되는 발걸음으로 더욱 확장됩니다. 그리되기 위해서 더욱 시민의 작은 목소리가 주인이 되며, 일상생활에서 젠더감수성과 인권, 다양성이 존중되는 민주(民主)마을이 되는 것이 필요합니다."라고 했다.

참여할 수 있도록 했기 때문에 외국인에 대한 차별금지를 규정한 것이다.

■ 제9조 : 주민총회

제9조(주민총회) ① 읍·면·동 주민의 최고 의사결정기구로 주민총회를 둔다.
② 주민총회는 매년 1회 이상 실시되는 정기총회와 임시총회로 구분한다.
⑤ 주민총회는 다음 각 호의 기능을 수행한다.
    1. 읍·면·동 주민자치계획, 시행계획 승인
    4. 행정사무의 위임·위탁 사항 승인
    8. 읍·면·동 국공유재산 활용 계획 심의
    9. 「지방세법」 제78조에 따른 읍·면·동 주민세율(개인분) 제안 의결
    10. 「부담금관리 기본법」 제3조에 따른 부담금 신설 제안 의결

제9조는 주민총회에 대해 규정하고 있다. 주민총회는 읍·면·동에 소속된 모든 주민들이 참여하는 최고의사결정기구이다. 주민총회는 해당 읍·면·동 주민들이 모여 중요한 정책 사항들을 승인하거나 의결한다.

정기총회, 임시총회가 있으나 정기총회는 연간 1회 이상으로 규정하고 있듯이, 자주 열리는 행사가 아니다. 따라서 주민들이 의결해야 할 해당 지역의 주요 정책사항을 제대로 이해하기 힘들다. 특히나 농촌·어촌 등 지방에서는 고령층 비율이 매우 높아 더욱 그렇다. 따라서 주민자치회(특히 사무국)의 주도에 따라가고, 거수기 역할(들러리, 허수아비)에 머물기 쉽다.

제5항에는 주민총회의 기능을 열거하고 있는데, 읍·면·동의 주민자치계획, 시행계획 승인이나 자치규약 제·개정 승인 등 다양한 정책을 결정한다. 이 중 제9호에는 "지방세법 제78조에 따른 읍·면·동 주민세율(개인분) 제안 의결"과 제10호에는 "부담금관리기본법 제3조에 따른 부담금 신설 제안 의결"을 규정하고 있다. 주민세율, 부담금 제안 의결은 주민에게 부과하는 과세문제인데, 이 같은 과세문제를 법률이 아닌 주민총회를 결정한다는 것은 조세법정주의 위반이라 하지 않을 수 없다.

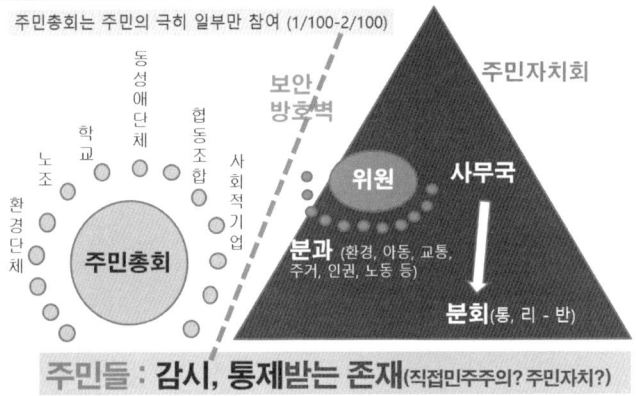

그러면 주민총회는 어떻게 운영될까?

주민총회는 주민들의 의결기구를 말한다. 정기총회는 1년에 한 번 이상, 임시총회는 필요에 따라 개최할 수 있다. 주민자치기본법의 문제점으로는 주민총회가 주민자치회 소속 기구가 아니라는 점이다. 주민총회가 주민자치회 밖에 설치되어 있다. 따라서 주민들은 주민자치회 내부의 정보를 모르고 그들의 요구에 따라 의결만 할 뿐이다. 더구나 주민들은 주민자치회가 하는 일에 대해 알지 못하도록 철저한 보안방호벽을 구축하고 있다. 심지어 주민자치회 소속 위원들조차도 내부 정보를 유출할 때는 공무원에 준하는 형법상 처벌을 하도록 하고 있다.(주민자치기본법 제22조)

주민자치기본법안에는 주민총회 개회기준을 하위 법령에 위임하고 있으나 현재 시행 중인 주민자치회 조례들에 따르면, 주민총회의 개회 기준은 주민들의 1/100 또는 2/100이다. 따라서 단체로 참여가 가능한 가짜주민들이 총회 의결을 좌지우지할 가능성이 크다. 진짜주민들은 낮에 직장이 있는 곳에 가 있어 주민총회 등에 참여하기 힘들고, 해당 읍·면·동에 직장이 있는 가짜주민들, 특히 참여의지가 강한 좌파단체 구성원들은 주민총회, 주민자치회 활동에 적극적으로 참여할 것이다. 또한 중국공안의 지시를 충실히 따르는 조선족이나 중국 유학생들의 집단 참여가 우려된다. 주민총회는 진짜주민의 의견은 배제되고 새로 들어온 가짜주민들에 의해 결정될 수 있다.

■ 제10조 : 주민자치회

제10조(주민자치회) ① 주민자치회는 읍·면·동 풀뿌리자치 활성화를 위한 집행기구로서 제7조의 주민으로 구성하며 법인으로 한다.
② 주민자치회는 필요에 따라 주민자치 활동 주제에 따른 분과와 읍·면·동 지역 내 생활권에 따른 분회를 설치할 수 있다.

제10조는 주민자치회에 대한 규정이다. "주민자치회는 읍·면·동 풀뿌리자치 활성화를 위한 집행기구로서 제7조의 주민으로 구성하며 법인으로 한다."고 규정했다. 주민자치회는 제7조에서 규정한 주민들(진짜주민+가짜주민)을 구성원(회원)으로 하는 법인이라고 규정하고 있다. 동 주민자치회가 해당 동 주민(예: 3만 명)들로 구성된 법인이기 때문에, 그 안에 주민들로 구성된 의결기구인 주민총회와 집행기구가 병존해야 한다. 그런데 주민자치회 안에 주민 의결기구는 없고, 집행기구만 존재하도록 했고, 의결기구인 주민총회는 주민자치회 밖에 별도로 두었다. 이는 법리상 맞지 않다.

제10조 제2항에서는 "주민자치회는 필요에 따라 주민자치 활동 주제에 따른 분과와 읍·면·동 지역 내 생활권에 따른 분회를 설치할 수 있다"고 규정했다.

▷분과란 주민자치회의 전문화를 위해 특정 주제(아젠다)별로 구성하는 기능별 하부조직이다. 예를 들어 교통, 환경, 아동, 교육, 주거, 안전, 복지, 노동 등 분과별 조직이다. 각 분과는 통상 30-50여명 정도로 구성되며, 이러한 분과조직 명칭을 볼 때 네오막시즘(변종공산주의) 성향을 강하게 풍긴다. 따라서, 우파주민들이 들어가 활동하기가 쉽지 않고, 마을 좌파세력의 독무대가 될 것이다. 각 분과는 좌파 마을활동가들이 주도하며 기업, 교회, 우파주민 등을 감시, 통제하고 사상교육을 주도하는 주체로 활동할 것이다. 예를 들어 환경분과 회원 30여명은 기업체의 오·폐수 감시활동, 교회의 코로나방역 준수 감시활동 등을 하거나 노동분과에서는 기업체 노동환경 감시활동을 하고, 아동분과는 아동학대 문제를 조사한다며 교회, 유치원, 학교, 가정까지 감시, 통제활동을 할 수 있다.

▷분회란 주민자치회 산하에 있는 소지역별 하위기구를 말하는데, 통, 리, 공동주택단지(아파트 등), 마을별로 두는 소규모 지역조직이다. 이를테면 도시의 통(統) 조직과 농촌의 리(里) 조직, 아파트별, 마을별 소조직 등 다양한 소규모 조직을 둘 수 있다는 것이다. 주민자치회가 이러한 주민간 서로 얼굴을 아는 소규모 조직을 하부에 둔다는 것은 소속 주민들에 대한 밀착감시와 통제 수단이 될 수 있다는 문제가 있다.

> **제10조(주민자치회)** ③ 주민자치회는 다음 각 호의 기능을 수행한다.
> 　2. 주민총회 운영 및 결정사항의 수행
> 　4. 목적 범위 내에서의 수익사업
> 　6. 산하 특수목적법인 및 읍·면·동 주민자치 활성화에 기여하는 법인에 대한 출자·출연
> 　7. 법정기부금의 관리

제10조 제3항은 주민자치회의 기능에 대해 규정하고 있다. 주민자치회는 '수익사업', '법인에 대한 출자·출연', '법정기부금 관리' 등 복잡한 재정업무를 수행해야

한다. 따라서, 마을 유지들이 봉사 차원에서 위원으로 참여, 주민자치회를 운영하기 힘들다. 결국 프로급 관리 능력을 가진 좌파선수들이 개입할 수 밖에 없다. 또한, 주민자치회 내에서 처리하기 힘든 업무가 많아, 외부 전문기관에 위탁에 위탁을 거듭하지 않을 수 없는 것이다.

> **제10조** ④ 주민자치회는 … 해당 읍·면·동의 장 및 읍·면·동 관계 공무원에게 주민총회 출석을 요구할 수 있고, 중앙행정기관, 지방자치단체 소속의 관계 공무원이나 관계 전문가를 주민총회 및 회의에 참석하게 하여 의견을 듣거나, 관계기관·법인·단체 등에 대하여 자료 및 의견의 제출 등 필요한 협조를 요청할 수 있다.⑤ 주민자치회는 주민생활과 밀접한 관련이 있는 읍·면·동 행정기능 및 예산수립에 관해 해당 읍·면·동의 장에게 협의를 요구할 수 있다.

제10조 제4항에서는 관계기관 출석 요구를 규정하고 있다. 주민자치회는 읍·면·동 관계공무원들은 물론 중앙행정기관과 지방자치단체 소속 관계공무원들의 출석을 요구할 수 있고, 관계전문가 등의 출석을 요구할 수

도 있다. 나아가 관계기관, 법인, 단체 등에 대해 자료와 의견 제출을 요청할 수도 있다.

주민자치회는 위와 같이 중앙·지방을 불문하고 관계공무원과 관계전문가들의 출석을 요구할 수 있고, 의견 및 자료 제출을 요구할 수 있는데, 이는 주민자치회가 무소불위 권한을 행사할 수 있음을 의미한다.

> **제10조** ⑥ 주민자치회는 관계 중앙행정기관(그 소속기관 및 책임운영기관을 포함한다)의 장, 지방자치단체의 장(「지방교육자치에 관한 법률」 제18조에 따른 교육감을 포함한다)에게 제7조에 해당하는 자의 성명, 「주민등록법」 제7조의2제1항에 따른 주민등록번호, 주소 및 전화번호(휴대전화번호를 포함한다) 등 인적사항 정보의 제공을 요청하여 활용할 수 있으며, 요청을 받은 자는 이에 따라야 한다.

주민자치기본법의 가장 독소조항 중 하나는 주민자치회가 갖는 소속 주민들에 대한 신상정보 수집 권한이다. 제10조 제6항에는 "주민자치회는 관계 중앙기관의 장(소속 기관 및 책임운영기관 포함), 자치단체장(교육감 포함)에게

제7조('주민의 자격')에 해당하는 자의 성명, 주민등록번호, 주소 및 전화번호(휴대전화번호 포함) 등 인적사항 정보의 제공을 요청하여 활용할 수 있으며, 요청을 받은 자는 이에 따라야 한다."고 규정했다.

다시 정리하면, 읍·면·동 주민자치회는 중앙정부기관의 장과 지방자치단체의 장에게 소속 주민에 대한 인적 정보를 요구할 권한을 갖는다는 것이다. 요청할 수 있는 중앙정부기관에는 행정안전부(산하 경찰청 등), 법무부(산하 검찰청 등), 외교부(산하 출입국관리소 등) 모든 부처가 포함된다. 더욱이 "(중앙기관) 소속 기관 및 책임운영기관을 포함한다"라고 했다. 이렇게 볼 때, 주민자치회는 정부가 갖는 모든 개인정보를 모두 수집할 수 있다는 의미다. 그러니까 해당 주민에 대한 모든 정보 즉, 전과조회, 경찰정보, 세무정보, 부동산정보, 출입국정보, 직업정보, 사업정보, 개인행정정보(주민등록), 가족관계정보 등 다양한 개인정보의 수집이 가능하다는 것이다. 주민자치회로부터 요구를 받은 중앙정부기관장이나 지방자치단체장은 이에 반드시 응해야 한다고 강제규정까지 두었다.

이렇게 볼 때, 주민자치회는 해당 읍·면·동에 주거하거나 직장이 있는 주민들에 대한 개인 신상정보를 모두 수집하고 활용할 수 있는 무소불위의 권력기관이라 할 수 있다. 주민자치회가 주민에 대한 신상정보를 갖는다는 것은 결국 주민자치회를 주도하는 좌파 마을활동가들의 손에 주민의 개인정보가 다 들어간다는 의미다. 결국 주민의 개인정보를 수집한 좌파 마을활동가들은 획득한 개인정보를 어떻게 활용할까? 주민들을 통제, 억압하는 도구로 악용할 수 있는 것이다.

우파 주민들이 좌파 마을공동체, 주민자치회에 대해 느끼는 공포감이 과민할 수도 있지만, 6·25전쟁 때 인민위원회의 경험이 있기 때문이기도 하다.[33] 그래서 6·25전쟁을 겪은 사람들은 "그 착하던 문방구 사장이 완장 채워주니 돌변하더라", "그때가 되니 이웃이 북한군보다 더 무섭더라" 등의 증언을 하는 것이다. 그래서 그들은 이웃끼리 죽이고 죽는 공포의 순간을 떠올리며, 좌파 성향 주민들에게 절대권력을 쥐어주고 우파 성향 주민들을 위협하는 공산주의 마을통치제도를 두려워 하는 것이다.

주민자치기본법안에 규정한 주민자치회가 수집한 주민에 대한 신상정보를 어떻게 보존관리할 것인지에 대해 궁금했는데, 이것을 관리하는 정보기구 설치에 대한 법안이 발의되었다. 3,500여개의 읍·면·동 주민자치회가 수집한 정보를 모아 총괄적으로 관리하는 전국조직이다. 이 주민정보기구는 행안부장관 산하에 두도록 했다. 진선미 더불어민주당 의원이 발의한 '마을공동체 기본법안' (2021. 1)에는 행안부장관이 마을공동체 종합정보지원시스템을 구축·운영하도록 했고, 서영교 더불어민주당 의원이 발의한 '마을공동체 및 지역사회혁신 활성

---

33) 6·25전쟁 때 북한군이 남한 마을을 점령하자 점령통치 조직으로서 인민위원회(동인민위원회-군인민위원회-도 인민위원회)를 설치했다. 동 인민위원회 운영에는 그 마을에 있는 좌익인물과 협조자들이 주도적 역할을 했다. 인민위원회 참여자들은 완장을 차고 주민들에게 김일성 체제를 선전하고 집집마다 찾아다니며 우익인사들을 색출해 인민재판에 부쳐 처형토록 했고, 젊은 청년들을 설득, 강제로 체포 의용군으로 낙동강전선 북한군에 투입해 죽게 했다. 쓸 만한 인재들은 체포하여 8만명이나 북한으로 납북토록 하는데도 역할을 했다.

화 기본법안'(2021. 11)에도 행안부장관이 종합정보시스템을 구축·운영할 수 있도록 했다.

이러한 주민에 대한 상세한 신상정보를 읍·면·동별로 수집하고 관리하는 국가주민정보기구를 둔다는 것의 의미는 무엇일까? 주민들을 일사분란하게 감시, 통제하는 전체주의 시스템을 구축하겠다는 의도이다. 이것이 바로 공산·사회주의 조직원리인 '민주적 중앙집중제'가 구현되는 것이라 할 수 있다.

■ 제11조 : 주민자치회 구성

제11조(주민자치회 구성)
　1. 위원은 주민 개인이 동등한 기회를 가질 수 있도록 추첨제를 활용하여, 주민을 대표할 수 있게 민주적으로 구성한다.
　4. 위원의 결격사유는 조례로 정하며, 범죄경력 조회 등 결격사유의 확인을 지방자치단체의 장에게 요청할 수 있다. 요청을 받은 자는 이에 따라야 한다.
　5. 그 밖에 주민자치회의 위원 수, 임기, 임원의 구성, 홍보방법 등 운영에 관한 구체적인 사항은 조례와 자치규약에 따른다.

주민자치회는 집행기구로서, 위원과 사무국으로 구성된다. 제11조는 주민자치회 위원 구성에 대해 규정하고 있다.

위원은 대체로 30-50명 정도의 규모이며, 위원 중에서 주민자치회장이 선출되고 주민자치회를 대표한다. 주민자치회 위원 선발방식은 다양하나, 주민자치기본법에서의 위원 선발방식은 추첨제이다. 추첨제는 외형적으로는 동등한 기회를 주는 것 같지만 적극적으로 마을에 봉사하려는 마을유지들을 배제하는 결과를 낳는다. 또한, 해당 읍·면·동에 살지 않는 가짜주민들, 특히 좌파 마을활동가들이 대거 위원으로 신청할 수 있도록 해 놓았다. 결국 신청비율이 높은 좌파 활동가들이 자연스럽게 위원 자리를 독차지할 것이다.

더욱이 현재 실시 중인 주민자치회 조례의 경우를 보면, 위원에 신청하는 사람은 미리 6시간의 (좌파) 마을공동체 교육을 받도록 했다. 강사들을 보면 마포 성미산마을 출신, 마을공동체종합지원센터 간부 등 좌파 마을전문가들이 중심이다. 이러한 좌파형 마을공동체 관련 사전교육을 거치도록 함으로써, 우파주민의 진입을 막고 자연스럽게 좌파 마을공동체 활동가로 만드는 것이다. 지방자치단체 등이 주도해서 읍·면·동 마을을 위해 활동할 사람에게 필수적으로 좌파 사상교육을 모두 받도록 하는 행위로서 있을 수가 없는 일이다.

주민자치기본법에는 주민자치회 위원을 선발할 때, 우파주민들을 골라내는 필터링과정을 설치해 두었다. 주민자치기본법 제11조 제4항에서는 "(주민자치회는 위원 선발시) 범죄경력 조회 등 결격사유의 확인을 지방자치단체의 장에게 요청할 수 있다. 요청을 받은 자는 이에 따라야 한다."라고 규정했다. 위원 선정시 '범죄경력 조회 등 결격사유를 확인' 한다는 것은 개인별 신원조회를 한다는 뜻이다. 그것도 지방자치단체장에게 위원 후보자에 대한 신원조회를 위한 정보요청을 할 수 있고, 요청 받은 자치단체장은 반드시 이에 따라야 한다는 강제규정도 두었다. 이 규정에는 또다른 숨은 독성이 있는데, 지방자치단체장이라 함은 광역단체장(광역시장, 도지사)과 기초단체장(시장, 군수, 구청장)을 포함하는 개념인데, 자치단체장이 주민 개개인에 대한 범죄경력 등 각종 정보를 보유하고 있다는 전제를 담고 있다. 범죄경력 정보는 경찰과 검찰이 갖는 것이고, 기타 결격사유를 확인하려면 국세청(산하 세무서)이 갖는 세무정보, 부동산정보, 교육청(산하 학교)이 갖는 자녀에 대한 교육정보, 병무청이 갖는 병역정보 등도 필요할 것이다. 이러한 개인정보를 자치단체장에게 요구할 수 있다는 것은 자치단체장이 관내 검찰, 경찰, 세무, 교육, 병역 등 관련 기관들로부터 개인정보를 수집할 수 있는 권한을 갖거나 별도의 정보기구를 가져야만 가능한 것이다.

특히 주민자치회는 소속 위원들이 업무를 하는 과정에서 내부 정보를 누설할 경우, 공무원에 준하는 강력한 처벌을 할 수 있는 규정을 두었다.[34] 주민자치기본법 제22조(벌칙시공무원 의제)에서 "주민자치회 위원은 형법 제127조 및 제129조부터 제132조까지의 규정을 적용할 때 공무원으로 본다"라는 규정이 바로 그것이다. 주민자치

---

[34] 제22조(벌칙시공무원 의제): "주민자치회 위원은 형법 제127조 및 제129조부터 제132조까지의 규정을 적용할 때 공무원으로 본다"

회는 모든 주민이 참여해야 하는 법인임에도 불구하고 전체 주민들의 참여를 배제하고(전체 주민은 주민자치회 밖에 있는 주민총회에 만 참여토록 함) 주민자치회에는 자치위원 30-50여명과 분과 당 30여 명, 사무장 등 일부만 참여하도록 했다. 그것도 좌파 마을활동가들과 이에 동조하는 사람들이 중심을 이루고 있다(우파주민들은 주민자치회에 못들어오게 각종 방어장치 마련).

더욱이 주민자치회는 막강한 권한과 재정권을 보유, 행사하도록 했고, 게다가 주민자치회의 업무와 권한을 외부 좌파단체에 위탁과 위임을 하도록 했다. 주민자치회 내부의 부패는 불 보듯 뻔하다. 주민자치회 내부에서 벌어질 취약 정보가 주민들에게 흘러가서는 안 되기 때문에 철저한 보안유지 장치를 겹겹이 설치하는 것이다. 그 중의 하나가 바로, 위원에 대한 강력한 처벌규정인 것이다. 위원 중에 혹시 내부 정보를 누설할 경우, 공무원에 준하는 강력한 처벌을 하도록 함으로써 입에 재갈을 물리려 한 것이다.

주민자치를 실현한다고 했으면 주민의 대표기관인 주민

자치회가 하는 일을 주민들에게 모두 알려야 하는 것 아닌가? 왜 감추려고 이런 보안장치를 설치하나? 주민이 주인이 되는 세상, 마을민주주의, 주민자치라고 선전을 해대면서도 말이다.

조례에 의해 설치된 1,200여개의 읍·면·동 주민자치회 운영실태를 보더라도 우파주민들이 주민자치회 위원으로 들어가 우경적 발언을 했다가 왕따를 당하거나 쫓겨난 사례도 많고 심지어 고소·고발을 당하는 사례까지 나타나고 있다.

이와 관련하여, 목사님 등 일부 우파지도자들이 "우파들이 주민자치회 위원으로 많이 들어가 견제해야 한다"며 주민자치회 참여를 독려하는 경우가 있는데, 함부로 결정할 일이 아니다. 우선 주민자치회를 폐지하는 운동을 먼저 해야 한다. 좌파들이 주도하도록 만들어 놓은 주민자치회에 들어가 함께 활동한다는 것은 그 주민자치회 폐지를 불가능하게 하는 부작용을 낳는다. 다만 주민자치회 폐지가 불가능한 지역의 경우, 자유마을 지휘부의 전략적 지침에 따라 견제활동을 해야하는 것이다.

■ **제12조 : 주민자치회 사무국 설치**

제12조(주민자치회 사무국 설치)
② 사무국의 직원은 지방자치단체장에 의해 지방공무원으로 보하며, 읍·면·동에 배치한다.
④ 사무직원은 주민자치회의 추천에 따라 그 지방자치단체의 장이 임명하며, 전문성 강화를 위해 직원의 일정비율을 임기제공무원으로 보한다.

제12조는 주민자치회를 실무적으로 운영하는 사무국 설치에 대해 규정하고 있다.

제2항에서는 "사무국 직원은 지방자치단체의 지방공무원으로 보임하며, 읍·면·동에 배치"한다고 규정했다. 여기서 살펴볼 점은 첫째, 좌파 마을활동가들이 공무원 신분을 보장받으며 퇴직 때까지 해당 읍·면·동 공화국을 장악한다는 점이다. 분명코 사무국 직원은 좌파 마을활동가나 좌파 마을활동가 교육을 받은 사람이 선임될 것이고, 임명된 후에도 지속적으로 좌파 마을활동가 교육과 각종 좌파단체들이 운영하는 프로그램에 참여해야 한다. 이들은 같은 읍·면·동 좌파단체들과 연대할

뿐 아니라 시·군·구 내 여러 좌파단체들과 다방면으로 네트워크 관계를 구축하며 깊은 교류를 할 것이다.

이러한 좌파 마을활동가들이 퇴직 때 까지 임기보장을 받으며 해당 읍·면·동 주민자치회업무 만 담당하기 때문에 마을전문가가 되지 않을 수 없다. 2-4년마다(임기 2년, 연임시 4년) 교체되는 주민자치회장이나 자치위원보다 주민자치회 업무 실무를 가장 잘 안다. 이들이 주민자치회를 사실상 주도할 공산이 크다.

둘째, 또 하나 생각해 보아야 할 점은 읍·면·동 행정복지센터 직원(지방공무원)과 같은 건물에서 근무한다는 점이다. 주민자치회 사무국 직원과 행정복지센터 직원은 같은 신분(지방공무원)인데다 같은 건물에서 근무하기 때문에 서로 친밀해질 수밖에 없다. 주민자치회 직원은 인근 파출소 경찰관들(자치경찰)과도 유대관계를 갖게 될 것이다. 이러한 분위기가 지속되면 주민자치회 직원들은 읍·면·동 행정복지센터 공무원들과 파출소 경찰관, 세무서 공무원, 학교장 등 마을기관장들과 지역유지로서 깊은 유대관계를 구축할 것이다. 행정복지센터 직원과 파출소 경찰이 주민자치회장, 사무국 직원과 한편이 되는 일을 경험했다는 증언도 있다.

제4항에는 "사무국직원은 주민자치회의 추천에 따라 지방자치단체장이 임명… 전문성 강화를 위해 직원의 일정 비율을 임기제 공무원으로 보한다"라고 규정한다. 여기서 문제가 되는 것은 지방직공무원인 사무국직원에 대한 선발, 임명 권한이 어디에 있느냐는 것이다. 임명권은 해당 지방자치단체장이 행사하지만 사무국직원의 추천권을 주민자치회 자신이 갖는다. 셀프 추천이다. 주민자치회 근무 직원의 공개 채용과정 없이 스스로가 추천하면, 자치단체장(시장, 군수, 구청장)은 이를 승인하는 형식으로 임명하는 것이다. 이렇게 되면, 임용의 주도권은 주민자치회가 갖고 자치단체장(시장, 군수, 구청장)은 요식적인 임명권 행사만 갖게 되는 셈이다. 현재 9급 공무원을 합격하려 해도 수년간 공부하고 수십 대 일의 치열한 경쟁을 통과해야 하는데, 주민자치회에서 자체 추천한 사람이 지방공무원이 될 수 있다는 것은 공무원 임용의 공개경쟁, 공정성에 위배되는 지나친 혜택이다. 더욱

이 주민자치회가 추천하는 사무국직원은 좌파 마을활동가일 것인데, 이들에게 지방공무원 신분을 부여하는 것은 공정성에 크게 위배되는 행위이다. 그러므로 주민자치기본법안이 통과된다면 전국 3,500여 개의 읍·면·동 주민자치회를 실질적으로 주도하는 사무국을 좌파 마을활동가들이 완전 장악하는 결과를 낳는 것이다.

또한 "전문성 강화를 위해 직원의 일정비율을 임기제 공무원으로 보한다"라는 규정을 두고 있다. 임기제 공무원이란 3년 등 일정한 기간 후 다시 재계약하는 계약직공무원을 의미한다.

주민자치기본법안에 따르면, 읍·면·동 주민자치회는 엄청난 업무 범위와 막강한 권력을 가지고, 부동산과 재산 보유·관리, 다양한 수익사업 운영 등을 할 수 있도록 했다. 따라서, 지금까지 마을 유지들이 운영했던 봉사활동 형태의 주민자치위원회와는 차원이 다르다. 재정운영, 회계감사 등 전문가가 아니고는 손댈 수 없는 분야가 많다. 이를 핑계로 읍·면·동 주민자치회에 좌파 프로들이 임기제 공무원으로 들어와 사무국 업무를 완전히 장악할 것이다. 필요하면 외부에 있는 좌파 전문기관에 위탁하기도 한다. 주민자치회를 완전 장악하고 외부 좌파단체와 공존공생하는 먹이사슬관계를 구축하려는 의도다. 박원순 서울시장 때, 좌파인사들이 대거 서울시에 임기제공무원으로 들어와 행한 부정부패 사례들이 이를 추측하게 한다. 또한, 이렇게 주민자치회에서 근무한 사람은 이를 경력으로 하여 다른 공직으로 진출하는 공직루트로 활용할 것이다. 문재인 정권 시기 공직자 채용과정에서 많이 나타난 현상이다.

■ 제13조 : 주민자치회 재정

제13조(주민자치회 재정) ① 국가와 지방자치단체는 주민자치회 운영에 필요한 경비의 전부 또는 일부를 지원해야 한다.
② 국가와 지방자치단체는 읍·면·동 주민자치계획 실행을 위해 주민참여예산 정책 연계, 주민세 상당액의 주민자치활동 예산 편성, 특별회계의 운영 등의 적극적 지원방안을 마련하여야 한다.
③ 주민자치회는 기부금을 받을 수 있으며, 설립목적 범위에서 수익사업을 할 수 있다.

제13조는 '주민자치회의 재정' 부분을 규정하고 있다. 주민자치기본법안은 주민자치회가 다양한 방법으로 재정을 확보할 수 있도록 했다. ▷제1항에는 국가, 지방자치단체가 주민자치회 경비의 전부 또는 일부를 지원하도록 했다. ▷제2항에는 국가, 지방자치단체가 주민세 상당액 지원, 특별회계 운영 등 지원방안을 마련하도록 했다. ▷제3항에는 기부금을 받을 수 있고, 설립목적 범위 내에서 수익사업도 할 수 있도록 했다. 주민자치회란 강력한 권력을 가진 권력기관인데, 민간단체처럼 기업 등으로부터 기부금을 받도록 하고, 심지어 수익사업을 할 수 있도록 한 것은 심각한 문제이다. 심각한 부정부패 소지를 안고 있다.

여기서 궁금한 점은 주민자치회 설치를 추진하는 좌파 세력과 좌파 마을활동가들이 과연 어느 정도의 주민자치회 재정 규모를 꿈꾸고 있느냐는 점이다. 이 점을 알아야 미래 주민자치회를 어떻게 운영할지, 부패가 얼마나 심각할지를 예측할 수 있다.

지금까지 운영되어온 주민자치위원회의 재정은 아주 소

액이었다. 주민자치위원회는 해당 읍·면·동의 유지들이 지역을 위해 봉사한다는 정도였고, 읍·면·동 행정복지센터가 주민세를 주민자치위원회의 운영비로 지원해 달라는 정도였다. 주민자치회를 추진하는 좌파세력과 좌파 마을활동가들이 꿈꾸는 재정 규모는 상상을 초월한다.

주민자치기본법안을 대표발의한 김영배 의원이 인터뷰한 기사를 통해 살펴보자. 「직접민주주의뉴스」는 2021년 2월 7일 주민자치기본법안을 대표발의한 더불어민주당 김영배 의원과의 인터뷰 기사를 보도했는데, 이때 인터뷰를 진행한 임OO 기획위원(직접민주주의 마을공화국 전국민회 주비위원장)은 다음과 같은 여론을 소개했다.

"부가가치세는 주민들이 쓴 것이니 읍·면·동 주민자치예산에 돌려주어야 한다는 여론도 생기고 국가균형발전예산 175조의 30%를 전국 3,500개 읍·면·동에 할당하여 마을 기금으로 만들어 주어야 한다는 여론도 생기고 있습니다."

이러한 질문에 대해 김영배 의원은 이렇게 답했다.

"부가가치세를 주민자치예산에 돌려주는 것이나, 국가균형발전예산을 읍·면·동에 할당하는 문제에 대해서는 저는 동의합니다. 하지만 반론도 만만치 않습니다. 여기서는 모범사례를 만드는 것이 중요하다고 봅니다. 예를 들어 보면 서울시 중구의 경우 각 동을 '동정부'라고 하고, 1개 동 당 100억 이상 예산을 배당해서 모범사례를 만들고 있습니다...."

이렇게 볼 때, 장차 주민자치회의 재정은 엄청난 규모로 확대하려는 배후의 압력이 존재하고 있는 것만은 분명해 보인다.

심지어 제주대 신용인 교수는 주민자치기본법 발의 직후 「직접민주주의뉴스」에 기고(2021. 2. 22) 한 글에서, 주민자치기본법안 발의를 환영하면서 부족한 부분을 지적했는데, 국가균형발전예산 175조의 전액을 주민자치회의 마을기금으로 조성하되, 기금을 주민의 공동소유

('총유')로 하고 마을기금에서 나오는 수익을 주민들에게 1/n로 분배해야 한다고 주장했다.[35] 그에 따르면 마을기금은 동당 평균 500억원에 이른다고 했다. 너무나 엄청난 돈 폭탄이 터지는 마을공화국을 상정하고 있는 것이다.

■ 제17조 : 다른 계획과의 관계

제17조(다른 계획과의 관계) 국가 및 지방자치단체는 자치계획과 시행계획의 내용을 각 호의 법령에 따른 지방자치단체의 계획에 적극적으로 반영하도록 노력하여야 한다.
  1. 「국토의 계획 및 이용에 관한 법률」에 따른 도시·군계획
  2. 「지역문화진흥법」에 따른 지역문화진흥기본계획
  3. 「사회보장급여의 이용·제공 및 수급권자 발굴에 관한 법률」에 따른 지역사회보장계획
  4. 「지역보건법」에 따른 지역보건의료계획

---

[35] "국가균형발전 정책 사업에 투입되는 175조 원을 3,500개의 읍·면·동에 배분하면 읍·면·동마다 평균 500억 원의 마을기금을 조성할 수 있다. 만일 175조 원을 전국 읍·면·동에 적절하게 배분하여 주민이 공동소유하고 자주관리하는 마을기금을 조성한다면 어떤 결과가 나올까?"

> 5. 「교통안전법」에 따른 지역교통안전기본계획
> 6. 「농어업인 삶의 질 향상 및 농어촌지역 개발촉진에 관한 특별법」에 따른 농어업인 삶의 질 향상 및 농어촌 지역개발 기본계획
> 7. 「국민체육진흥법」에 따른 체육 진흥 계획
> 8. 「문화예술교육 지원법」에 따른 지역문화예술교육계획
> 9. 「평생교육법」에 따른 평생교육진흥계획
> 10. 그 밖에 주민자치회와 지방자치단체가 연계가 필요하다고 판단하는 법정계획 및 공모사업

제17조는 "국가 및 지방자치단체는 자치계획과 시행계획의 내용을 각 호의 법령에 따른 지방자치단체의 계획에 적극적으로 반영하도록 노력하여야 한다."라고 규정하고 있다. 쉽게 말하면, 국가와 지방자치단체가 다음과 같은 지방정책을 수립, 시행할 때, 읍·면·동 주민자치회가 수립한 자치계획을 반영하라는 것이다. 이는 읍·면·동 주민자치회는 국가와 지방자치단체가 추진하는 지방정책에 영향력을 행사할 수 있다는 의미다. 여기서 지방정책에는 국토의 계획 및 이용 관련 정책, 지역사회

보장계획, 지역보건의료계획, 지역교통안전기본계획, 농어촌지역 개발기본계획, 지역문화예술기본계획, 평생교육진흥계획, 기타 공모사업 등 광범한 지방정책을 포함한다.

국가와 지방자치단체가 각종 지방정책을 추진할 때 관계 읍·면·동 주민자치회의 의견을 수용한다면 과연 국가 및 지방자치단체의 정책이 효율성, 신속성, 통일성을 유지할 수 있을까? 국가, 자치단체의 정책 추진에 심각한 장애가 발생할 것이다. 특히 좌파 마을활동가들이 저지투쟁을 벌일 경우, 그 정책 추진 자체가 불가능할 것이다.

■ 제18조 : 국가 및 지방자치단체의 지원 사항

제18조(국가 및 지방자치단체의 지원 사항) ① 국가는 주민자치 활성화를 위해 다음 각 호의 사항을 적극적으로 시행하여야 한다.
   1. 5년마다 주민자치 활성화를 위한 종합지원계획 수립·시행

2. 주요 사항을 심의하는 민·관합동정책추진위원회 구성·운영
4. 「국가균형발전 특별법」 제5장에 따른 국가균형발전특별회계를 활용한 재정적 지원
5. 주민자치 정책 개발·실행을 위한 전담부서와 전문지원기관 운영
6. 국가 및 지방자치단체 공무원, 민간전문인력을 위한 교육 운영
10. 주민자치회 및 주민자치 활성화에 기여하는 법인에 대한 출자·출연

② 지방자치단체는 주민자치 활성화를 위해 각호의 사항을 적극적으로 시행하여야 한다. 이에 관한 구체적인 사항은 조례로 정한다.

1. 5년마다 주민자치 활성화를 위한 종합지원계획 수립·시행
3. 주민자치회로의 행정사무 위임·위탁
4. 읍·면·동장 임용에서의 적극적인 주민의견 수렴
6. 읍·면·동 직접 예산편성 활성화 및 지방자치단체 사무의 읍·면·동 이양
7. 주민세와 주민참여예산 등을 활용한 특별회계의 구성
8. 읍·면·동 행정사무에 관한 자료 제공 등의 협조
9. 주민자치 정책의 효과성 증진을 위한 전담부서와 전문지원기관 운영

10. 지방자치단체 공무원 및 민간전문인력을 위한 교육 운영
11. 주민자치회 및 읍·면·동 주민자치 활성화에 기여하는 법인에 대한 출자·출연

제18조는 주민자치회에 대한 국가 및 지방자치단체의 지원사항을 규정하고 있다.

제18조 제1항은 국가가 주민자치회에 지원할 사항을 세세히 규정하고 있다. 구체적으로 보면, "5년마다 주민자치회를 지원하는 종합지원계획 수립", "주요 사항을 심의하는 민·관 합동정책 추진위원회 구성 운영", "국가균형발전특별회계를 활용한 재정적 지원"[36], "전담 부서와 전문지원기관 운영", "국가 및 지방자치단체 공무원, 민간전문인력을 위한 교육운영" 등을 규정하고 있다. 국가가 총력을 다해 좌파 마을활동가들이 주도하는 주민자치회를 지원하라는 명령이다.

---

36) 국가균형발전특별회계는 대통령직속기구인 '국가균형발전위원회' 주도, 2021년 균특회계 규모는 10조 7,000억원 정도

제18조 제2항은 지방자치단체가 주민자치회에 지원할 사항을 세세히 규정하고 있다. 지방자치단체가 주민자치회 지원 역량을 강화하는 방안으로 "5년마다 주민자치회를 지원하는 종합지원계획 수립", "주요 사항을 심의하는 민·관 합동정책 추진위원회 구성 운영", "전담부서와 전문지원기관 운영", "지방자치단체 공무원, 민간전문인력을 위한 교육 운영" 등을 규정하고 있다. 지방자치단체도 좌파 마을활동가들이 장악한 주민자치회를 총력을 다해 지원하라는 명령이다.

또한 ▷주민자치회의 권한을 강화하는 방안으로 "주민자치회로의 행정사무 위임·위탁", "읍·면·동장 임용에서의 적극적인 주민의견 수렴", "읍·면·동 직접 예산편성 활성화 및 지방자치단체 사무의 읍·면·동 이양", "읍·면·동 행정사무에 관한 자료 제공 등의 협조" 등을 제시하고 있다. 이 규정은 시·군·구 지방자치단체의 역할과 기능을 읍·면·동으로 이양하고 읍·면·동 행정복지센터의 역할과 기능을 주민자치회로 이양하라는 의미다. 결국, 시·군·구 지방자치단체와 산하 읍·면·동의 권한과 기능을 점점 좌파 주도 주민자치회가 행사하도록 국가통치 시스템을 바꾸려는 작업인 것이다.

▷또한, 주민자치회 외곽단체에 대한 지원방안으로 "주민자치회 기여 법인에 대한 출자·출연" 등까지 규정하고 있다.

■ 제19조 : 전문지원기관의 운영

제19조(전문지원기관의 운영) ① 국가 및 지방자치단체는 주민자치 활동 전반을 행정적·재정적으로 지원하기 위한 전문지원기관을 운영할 수 있다. 이 경우 주민자치와 관련된 기관, 법인 또는 단체를 전문지원기관으로 지정·위탁할 수 있다.
② 해당 전문지원기관은 민·관 협력원칙에 기반하여 주민자치회 등과 협력적 네트워크를 구축하고 주민 중심의 자치가 실현될 수 있도록 노력하여야 한다.

제19조는 전문지원기관의 운영에 대해 규정하고 있다. 제1항은 "국가 및 지방자치단체는 주민자치 활동 전반을 행정적·재정적으로 지원하기 위한 전문지원기관을

운영할 수 있다. 이 경우 주민자치와 관련된 기관, 법인 또는 단체를 전문지원기관으로 지정·위탁할 수 있다."라고 규정했다. 제2항은 "해당 전문지원기관은 민·관 협력원칙에 기반하여 주민자치회 등과 협력적 네트워크를 구축하고 주민 중심의 자치가 실현될 수 있도록 노력하여야 한다."라고 규정했다. 이 내용을 구체적으로 분석해보자.

첫째, 제1항은 국가와 지방자치단체가 주민자치회를 행정적, 재정적으로 지원하기 위한 전문지원기관을 둘 수 있는데, 주민자치와 관련된 민간 기관·법인·단체를 전문지원기관으로 지정해 위탁할 수 있다는 것이다.

여기서 염두에 두어야 할 점을 살펴보자.

① 전문지원기관으로 선정될 수 있는 '주민자치와 관련된 기관, 법인 또는 단체'란 좌파 마을활동가들로 구성된 좌파 전문단체들이 될 것임은 물어보나 마나다.

② 전문지원기관을 선정, 위탁하는 주체가 읍·면·동 주민자치회가 아니고, 국가와 지방자치단체라는 점이다. 국가와 지방자치단체가 일괄적으로 선정, 관리하는

모양새다. 그러므로, 주민자치회에게 막강한 권한을 부여한 것 같지만 실제는 국가와 자치단체가 일괄적으로 정한 전문지원기관이 주민자치회 전체를 통솔하는 구조이다. 이를 그림으로 그리면 다음과 같다.

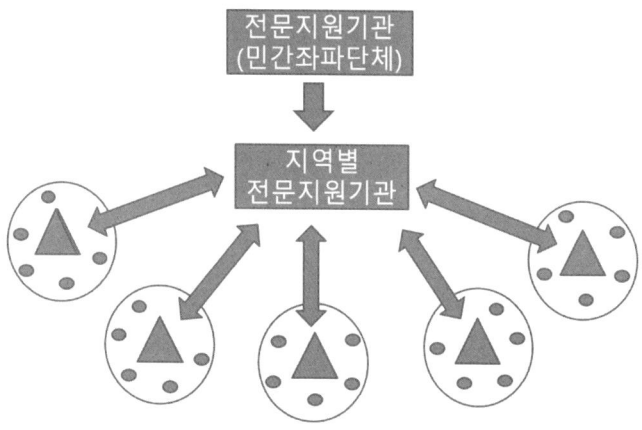

③ 여기서 전문지원기관을 정해 업무를 위탁한다는 것은 주민자치회 업무를 전문지원기관에게 이양한다는 것이다. 주민자치회의 운영주도권을 전문지원기관에게 넘기는 것이다. 왜 주민자치회의 업무와 권한을 전문지원

기관에게 업무를 위탁하는가? 주민자치회는 이전과 비교할 수 없을 만큼 복잡한 업무와 강력한 권한, 대규모 재정 등을 가지게 되는데, 정작 읍·면·동 주민 중에는 이러한 업무를 제대로 수행할 인력과 능력이 부족하기 때문이다. 그래서 주민자치회 업무를 외부 좌파 전문지원기관에 업무와 권한, 재정을 위탁하는 것이다.

둘째, 제2항에서 "해당 전문지원기관은 민·관 협력원칙에 기반하여 주민자치회 등과 협력적 네트워크를 구축하고…"라고 규정했는데, 그 의미가 무엇일까? 주민자치회가 전문지원기관과 협력관계를 구축하라는 것이 아니고, 해당 전문지원기관이 주민자치회 등과 협력관계를 구축하라는 의미다. 그러니까 전문지원기관이 주체이고 주민자치회는 전문지원기관에 협력하는 여러 대상 중 하나인 셈이다. 한 전문지원기관이 여러 주민자치회들과 네트워크를 구축하는 모양새다. 이는 주민자치회가 업무를 전문지원기관에 위탁한 결과인 것이다. 그러므로, 전문지원기관이 산하의 주민자치회들과 협력적 관계를 구축해서 주민자치를 실현하라는 것이다. 결국 주민자치를 실현하는 주체는 주민자치회가 아니라 외부의 좌파 전문지원기관인 것이다.

■ 제20조 : 전문인력의 양성

제20조(전문인력의 양성) ① 국가 및 지방자치단체는 주민자치 전문인력을 양성하기 위하여 노력하여야 한다.
③ 국가, 지방자치단체 및 공공기관은 대통령령으로 정하는 주민자치 업무를 효율적으로 수행하기 위하여 주민자치 전문인력을 우선하여 채용·배치할 수 있다.

제20조는 '주민자치 전문인력 양성과 채용·배치'에 관한 규정이다. 우선, 국가와 지방자치단체는 주민자치 전문인력을 양성하는 데 노력해야 하는데, 전문인력 양성을 위한 교육기관을 운영하고 그 비용을 지원해야 한다는 것이다. 또한, 국가와 지방자치단체, 공공기관은 이렇게 양성된 인력을 우선 채용, 배치하라는 의미다. 다시 말하면 국가와 지방자치단체에게 주민자치 전문인력을 양성하는 의무를 부여하고, 국가, 지방자치단체, 공공기관에게 이들을 채용, 배치, 활용하는 의무까지 부여

한 것이다.

다시 정리하면, 주민자치회가 시행이 될 경우, 엄청난 규모의 주민자치 전문가와 좌파 마을활동가 등이 필요한 만큼 국가와 지방자치단체가 앞장서, 집중적으로 교육해서 채용, 배치해 좌파형 주민자치회를 조기에 정착시키겠다는 의미이다.

■ 제21조 : 국·공유재산 활용 특례

제21조(국·공유재산 활용 특례) ① 국가와 지방자치단체는 주민자치 활성화를 위해 국·공유재산이 필요하다고 인정하면, 이를 주민자치회에 우선 매각하거나 무상으로 대여·사용하게 할 수 있다.

제21조는 '주민자치회의 국·공유 재산 활용에 대한 특례'에 대한 규정이다. "국가와 지방자치단체는 국·공유 재산이 필요하다고 인정되면 주민자치회에 우선 매각, 무상으로 대여, 사용케 할 수 있다"라는 것이다. 다시 말하면, 주민자치회는 국가와 지방자치단체로부터 부동산 등 국·공유 재산을 (저가로) 매수하고 무상으로

임대하여 수익사업 등 다양한 목적으로 활용할 수 있다는 것이다.

이렇듯 국가와 지방자치단체가 소유, 관리하는 국·공유지 등 재산을 주민자치회에 매각, 무상 임대하는 등 파격적인 지원을 할 경우, 주민자치회는 순식간에 많은 부동산 등 재산을 보유하게 될 것이다. 주민자치회는 이 재산을 활용하여 주택사업, 공공장터, 공공마트, 공영주차장, 집단농장, 자연휴양림 등 다양한 시설을 개발, 임대, 분양, 직영 등 수익사업을 통해 큰 재부를 획득할 수 있다. 좌파 마을활동가들이 주도하는 주민자치회가 이러한 사업을 할 경우, 기존의 중소기업이나 자영업자들이 큰 피해를 당할 것이다. 특히 도시지역 주민자치회의 경우, 주택사업과 금융사업을 할 가능성이 높은데, 성남시 대장동사태와 같은 대형부패사건들이 곳곳에서 발생할 가능성이 높다.

주민자치회 등을 주도하는 좌파 마을활동가들은 이러한 사업을 통해 얻은 소득의 일부를 주민들에게 분배해 주민들의 민심을 장악하는데 사용할 것이다. 결국 읍·

면·동 주민 유권자들은 이들에게 마음이 빼앗겨 선거 때마다 그들에게 표를 던질 것이다. 그러면 좌파 영구집권체제가 구축될 것이다.

부록:02

(의안번호 : 2107787)

주민자치 기본법안

(김영배의원 대표발의)

의 안 번 호	7787

발의연월일 : 2021. 1. 29.

발 의 자 : 김영배 · 강득구 · 고영인 · 김민철 · 김수흥
박완주 · 송재호 · 신정훈 · 양기대 · 양정숙
이수진 · 이용선 · 이해식 · 이형석 · 임호선
주철현 · 진성준 · 허 영 · 홍기원 의원(19인)

제안이유

민선지방자치가 출범한지 30여 년이 지났으나 새로운 시대에 걸맞는 주민중심의 지방자치를 구현하기 위한 법 제도는 제대로 정비되지 않고 있는 현실임. 현행 「지방자치법」에서 주민자치의 원리를 명시하고 있으나 주민투표, 주민조례발안, 주민소환 등 주민참여권 강화 제도 외에 풀뿌리 단위에서 주민자치의 체계를 규정하는 내용은 미흡한 상황임. 또한 「지방자치분권 및 지방행정체제개편에 관한 특별법」에 주민자치 중심조직인 주민자치회가 명시되어 있지만 시범적 운영으로 제한하고 있어 지방자치단체의 자율적 시행이 불가능할 뿐만 아니라, 주민자치회의 법적 성격과 지원체계에 대한 불명확성이 해소되지 못하고 있는 상황임. 그 외 주민참여형 정책과 관련한 법안들은 대부분 보조금 지원, 종합계획수립, 인증·전달체계 등 지원 근거를 중심으로 구성되어 있어 실질적인 주민의 공적 참여를 뒷받침하지 못하고 있음. 이에 2013년부터 시범적으로 실시해 온 '읍·면·동 주민자치회'의 정책 방향을 재정립하고 자치적 지역문제 해결을 위한 핵심 공간으로서 소생활권인 읍·면·동을 산정해 주민의 공적 참여 권한을 부여하고, 주민자치 활성화의 핵심 수단인 주민총회, 주민자치회, 자치계획, 추첨제 등의 근거를 규정함으로써 지방자치의 근간인 '풀뿌리 주민자치'에 대한 법률적 체계를 마련하고자 함.

주요내용

가. 이 법은 주민이 풀뿌리자치 활성화를 위하여 읍·면·동에 주민자치회를 설치·운영하기 위한 기본사항과 지원체계를 규정함으로써 마을민주주의를 기반으로 한 주민총회와 주민자치회 활동을 통해 주민의 삶의 질 향상을 목적으로 함(안 제1조).

나. 주민이란 지역사회 문제해결의 주체로서,「주민등록법」(거주자),「출입국관리법」(외국인) 등의 거주지 관련 법적 요건 충족자와 해당 행정구역 내 주소지를

가진 기관이나 사업체에 근무하는 사람, 학교에 소속된 학생과 교직원을 포함함으로써, 지역주체의 다양성을 확보함(안 제3조 및 제7조).

다. 국가와 지방자치단체는 풀뿌리자치의 활성화를 위해 지원정책을 수립하고 시행하여야 하며 행정적·재정적 지원을 해야 함(안 제4조).

라. 주민과 주민자치회는 주민자치 실현과 확산을 위하여 국가 및 지방자치단체와의 적극적 협력을 기반으로 지역사회 문제해결을 위해 노력해야 함(안 제5조).

마. 주민의 공적 참여 권한 부여의 중심조직으로서 주민총회와 주민자치회를 규정함(안 제9조부터 제15조까지).

1) 공적 참여의 주요사항을 결정하는 주민의 대표 의사결정체로 '주민총회'를 규정하여 공공성을 확보하고 주요 결정권을 행사하게 함.

2) 주민총회로부터 권한을 위임받아 상시 집행기구로서 주민자치회를 규정하고 자치규약에 따른 기능

을 수행하게 함. 하위기구로 통·리, 공동주택단지 등 읍·면·동 이하 생활권 단위에 '분회'를, 교통, 환경, 아동, 주거, 안전, 복지 등 지역 이슈별로 '분과'를 두어 주민참여의 다양성을 확보함.

3) 국가와 지방자치단체는 주민자치회 운영에 필요한 경비의 전부 또는 일부를 지원해야 하고, 주민자치회는 기부금을 받을 수 있으며, 설립 목적 범위에서 수익사업을 할 수 있음. 또한 목적에 따른 사무 및 사업을 위하여 재산 및 시설을 보유하고 운영할 수 있음.

4) 주민자치회는 해당 사무를 처리하기 위하여 사무국을 두며 적정인력과 예산을 확보해야 함. 이에 따른 사무국의 직원은 지방자치단체장에 의해 지방공무원으로 봄.

바. 읍·면·동 주민자치계획 및 시행계획을 수립함(안 제16조 및 제17조).

1) 주민자치회는 풀뿌리자치 향상과 지역문제해결을 위한 중장기 읍·면·동 주민자치계획을 수립하고

주민총회의 승인을 받아야 함.

2) 국가 및 지방자치단체는 자치계획과 시행계획을 내용을 법에 명시한 법령에 따른 지방자치단체의 계획에 적극적으로 반영하도록 노력하여야 함.

사. 국가와 지방자치단체는 5년마다 주민자치회 활성화를 위한 종합지원계획을 수립·시행하여야 하며, 주민자치회 정책 개발·실행을 위한 전담부서와 전문지원기관 운영 및 공무원과 민간전문인력 양성을 위한 교육을 운영하는 등의 지원을 적극 시행하여야 함(안 제18조부터 제20조까지).

아. 국가와 지방자치단체는 주민자치 활성화를 위해 국·공유재산이 필요하다고 인정하면, 이를 주민자치회에 우선 매각하거나 무상으로 대여·사용하게 하는 등 국·공유재산 활용에 특례를 규정함(안 제21조).

참고사항

이 법률안은 김영배의원이 대표발의한 「지방자치법 일부개정법률안」(의안번호 제7797호), 「주민투표법 일부개정법률안」(의안번호 제7798호), 「부담금관리기본법 일부개정법률안」(의안번호 제7788호), 「국가균형발전 특별법 일부개정법률안」(의안번호 제7790호), 「법인세법 일부개정법률안」(의안번호 제7789호)의 의결을 전제로 하는 것이므로 같은 법률안이 의결되지 아니하거나 수정의결되는 경우에는 이에 맞추어 조정되어야 할 것임.

법률 제   호

주민자치 기본법안

제1장 총칙

제1조(목적) 이 법은 주민이 풀뿌리자치의 활성화를 위하여 읍·면·동에 주민총회와 주민자치회를 설치·운영하기 위한 기본사항과 지원체계를 규정함으로써 마을민주주의를 통한 주민자치 실현과 주민의 삶의 질 향상을 목적으로 한다.

제2조(기본원칙) ① 주민의 풀뿌리자치활동은 궁극적으로 지역사회 문제해결 및 지역발전에 기여해야 한다.

② 주민자치회는 주민의 자율성, 독립성, 운영과정의 민주성과 개방성을 준수하여야 하며, 정치적 중립을 원칙으로 한다.

③ 국가 및 지방자치단체는 주민자치회의 효과적 운영을

위해 적극적인 지원 정책을 마련하여야 한다.

제3조(정의) 이 법에서 사용하는 용어의 뜻은 다음과 같다.

1. "주민"이란 지역사회 문제해결의 주체로서 제7조의 자격을 갖춘 자를 말한다.

2. "주민자치"란 주민이 일상생활에 밀접하게 관계되는 사항을 주민 공론장을 통해 결정하고 민관 협력적으로 집행하기 위한 제도와 기구, 자치활동을 말한다.

3. "주민자치회"란 읍·면·동 주민으로 구성되어 지역사회 문제해결 및 지역발전을 위한 풀뿌리자치 활성화를 주도적으로 추진하는 집행기구를 말한다.

4. "주민총회"란 읍·면·동 주민의 최고 의사결정기구를 말한다.

5. "읍·면·동 자치규약"이란 읍·면·동 주민이 자발적으로 정한 주민자치 관련 규칙을 말한다.

6. "읍·면·동 주민자치계획"이란 읍·면·동 풀뿌리자치 활성화를 위해 수립하는 중장기 계획을 말하며, 이를 매년 실행하기 위해 별도의 시행계획을 수립한다.

7. "분회"란 통·리, 공동주택단지, 마을 등 읍·면·동 안에서 주민 스스로가 보다 밀접한 자치를 할 수 있는 적정구역에 구성된 주민자치회 하위기구를 말한다.

8. "분과"란 주민자치회의 활동이 전문화될 수 있도록 특정 주제별로 구성하는 주민자치회 하위기구를 말한다.

제4조(국가 및 지방자치단체의 책무) ① 국가와 지방자치단체는 풀뿌리자치의 활성화를 위해 이 법의 목적과 기본원칙에 부합하는 지원 정책을 수립하고 시행하여야 한다.

② 국가와 지방자치단체는 주민자치회의 운영비를 포함한 행정적·재정적 지원을 해야 한다.

③ 국가와 지방자치단체는 주민의 자율성을 보장하고 궁극적으로 주민의 자치역량이 강화되도록 정책을 지원해야 한다.

제5조(주민 및 주민자치회의 책무) ① 주민과 주민자치회는 제2조의 기본원칙을 준수하고 주민자치 실현과 확산을 위하여 성실히 노력하여야 한다.

② 주민과 주민자치회는 국가 및 지방자치단체와의 적극적 협력을 기반으로 풀뿌리자치 활성화와 지역사회 문제

해결을 위해 노력해야 한다.

③ 주민과 주민자치회는 노동, 인권, 환경, 복지 등 관계 법령에서 규정한 사회적 책임 사항을 준수하여야 한다.

제6조(다른 법률과의 관계) ① 주민자치회와 관련하여 다른 법률에 특별한 규정이 있는 경우를 제외하고는 이 법이 정한 바에 따른다.

② 주민자치회와 관련되는 법률을 제정하거나 개정하는 경우에는 이 법의 목적과 기본원칙에 맞도록 하며, 이 법의 시행 후 빠른 시일 안에 관계 법령의 개정이 이루어지도록 한다.

제2장 주민

제7조(주민의 자격) ① 다음 각 호의 어느 하나에 해당하는 경우 이 법에 따른 주민으로 본다.

1. 해당 지방자치단체의 관할 구역에 주민등록이 되어 있는 사람

2.「재외동포의 출입국과 법적 지위에 관한 법률」제6조 제1항에 따라 해당 지방자치단체의 국내거소신고인명부에 올라 있는 사람

3.「출입국관리법」제10조에 따른 영주의 체류자격 취득일 후 3년이 경과한 외국인으로서 같은 법 제34조에 따라 해당 지방자치단체의 외국인등록대장에 올라 있는 사람

② 다음 각 호의 어느 하나에 해당하는 경우, 조례가 정하는 별도의 절차를 통해 주민자치회의 주민으로 본다. 다만, 주민자치회에 대한 일정한 권한을 자치규약으로 제한할 수 있다.

1. 해당 행정구역 내에 주소지를 가진 기관이나 사업체에 근무하는 사람

2. 해당 행정구역 내에 주소지를 가진 「초 · 중등교육법」 제2조제2호에서 제5호까지의 학교 및 「고등교육법」 제2조 각 호의 학교에 소속된 학생과 교직원

제8조(주민의 권리와 의무) ① 모든 주민은 성별, 신념, 종교, 인종, 세대, 지역, 학력, 사회적 신분, 경제적 지위

나 신체적 조건 등에 의해 차별을 받지 아니하고 주민자치회에 자발적으로 참여할 수 있으며 기회균등을 보장한다.

② 모든 주민은 주민자치의 중요성을 인식하고 주민자치 활성화를 위해 적극적으로 참여하여야 한다.

③ 모든 주민은 지역사회 발전을 위한 주민의 참여가 공민권 행사 또는 공적 의무임을 고려하여 그에 해당하는 권리를 보장받아야 한다.

제3장 주민자치회 및 추진체계

제9조(주민총회) ① 읍·면·동 주민의 최고 의사결정기구로 주민총회를 둔다.

② 주민총회는 매년 1회 이상 실시되는 정기총회와 임시총회로 구분한다.

③ 주민총회 개최 사실 및 안건에 대해 최소 1개월 이전에 정보를 공개해야 하며, 주민설명회, 우편송달, 온라인

등을 활용하여 주민이 쉽게 주민총회 개최 사실을 알 수 있도록 해야 한다.

④ 그 밖에 주민총회의 효과적 운영을 위한 성립요건, 제척사항, 운영방식 등의 구체적 사항은 조례로 정한다.

⑤ 주민총회는 다음 각 호의 기능을 수행한다.

1. 읍·면·동 주민자치계획, 시행계획 승인

2. 읍·면·동 자치규약 제·개정 승인

3. 법정기부금의 운영계획·결산 승인

4. 행정사무의 위임·위탁 사항 승인

5. 읍·면·동 주민투표, 조례 개폐 청구, 감사 청구 결정

6. 읍·면·동 예산 편성, 읍·면·동 행정사무 평가 사항 심의

7. 읍·면·동 주요 정책사업 사전 심의

8. 읍·면·동 국공유재산 활용 계획 심의

9. 「지방세법」 제78조에 따른 읍·면·동 주민세율(개인분) 제안 의결

10. 「부담금관리 기본법」 제3조에 따른 부담금 신설 제안 의결

11. 주민자치회 운영 계획 · 결산 승인

12. 그 밖에 이 법의 목적 실현을 위하여 주민자치회, 지방자치단체, 지방의회가 필요하다고 인정하는 사항

⑥ 주민총회의 자치규약 제 · 개정 및 주민총회의 의결에 의해 일부 기능은 주민자치회로 위임될 수 있다.

제10조(주민자치회) ① 주민자치회는 읍 · 면 · 동 풀뿌리 자치 활성화를 위한 집행기구로서 제7조의 주민으로 구성하며 법인으로 한다.

② 주민자치회는 필요에 따라 주민자치 활동 주제에 따른 분과와 읍 · 면 · 동 지역 내 생활권에 따른 분회를 설치할 수 있다.

③ 주민자치회는 다음 각 호의 기능을 수행한다.

1. 주민총회로부터 위임된 사항

2. 주민총회 운영 및 결정사항의 수행

3. 법인 운영 사무

4. 목적 범위내에서의 수익사업

5. 특수목적법인의 설치 및 운영

6. 산하 특수목적법인 및 읍 · 면 · 동 주민자치 활성화에

기여하는 법인에 대한 출자·출연

7. 법정기부금의 관리

8. 그 밖에 필요하다고 판단되는 읍·면·동 주민자치사무

④ 주민자치회는 그 기능을 수행하기 위하여 필요한 경우 해당 읍·면·동의 장 및 읍·면·동 관계 공무원에게 주민총회 출석을 요구할 수 있고, 중앙행정기관, 지방자치단체 소속의 관계 공무원이나 관계 전문가를 주민총회 및 회의에 참석하게 하여 의견을 듣거나, 관계기관·법인·단체 등에 대하여 자료 및 의견의 제출 등 필요한 협조를 요청할 수 있다. ⑤ 주민자치회는 주민생활과 밀접한 관련이 있는 읍·면·동 행정기능 및 예산수립에 관해 해당 읍·면·동의 장에게 협의를 요구할 수 있다. ⑥ 주민자치회는 관계 중앙행정기관(그 소속기관 및 책임운영기관을 포함한다)의 장, 지방자치단체의 장(「지방교육자치에 관한 법률」 제18조에 따른 교육감을 포함한다)에게 제7조에 해당하는 자의 성명, 「주민등록법」 제7조의2제1항에 따른 주민등록번호, 주소 및 전화번호(휴

대전화번호를 포함한다) 등 인적사항 정보의 제공을 요청하여 활용할 수 있으며, 요청을 받은 자는 이에 따라야 한다.

제11조(주민자치회 구성) 주민자치회 위원은 다음 각 호에 따라 구성·운영한다.

1. 위원은 주민 개인이 동등한 기회를 가질 수 있도록 추첨제를 활용하여, 주민을 대표할 수 있게 민주적으로 구성한다.

2. 위원 모집에 관한 사항은 최소 1개월 이전에 정보를 공개해야 하며, 주민설명회, 우편송달, 온라인, 홍보 행사 등을 활용하여 주민이 쉽게 위원 모집에 참여 할 수 있도록 해야 한다.

3. 위원은 무보수 명예직으로 하되, 예산의 범위에서 수당과 실비를 지급할 수 있다.

4. 위원의 결격사유는 조례로 정하며, 범죄경력 조회 등 결격사유의 확인을 지방자치단체의 장에게 요청할 수 있다. 요청을 받은 자는 이에 따라야 한다.

5. 그 밖에 주민자치회의 위원 수, 임기, 임원의 구성, 홍

보방법 등 운영에 관한 구체적인 사항은 조례와 자치규약에 따른다.

제12조(주민자치회 사무국 설치) ① 주민자치회는 해당 사무를 처리하기 위하여 사무국을 두며, 그 업무를 수행하기 위한 적정인력과 예산을 확보하여야 한다.

② 제1항에 따른 사무국의 직원(이하 이 조에서 "사무직원"이라 한다)은 지방자치단체장에 의해 지방공무원으로 보하며, 읍·면·동에 배치한다.

③ 사무국의 인력과 예산 규모는 인구수와 지역 면적에 비례하여 구성하며 구체적 사항은 대통령령으로 정한다.

④ 사무직원은 주민자치회의 추천에 따라 그 지방자치단체의 장이 임명하며, 전문성 강화를 위해 직원의 일정비율을 임기제공무원으로 보한다.

⑤ 사무직원의 임용·보수·복무·신분보장·징계 등에 관하여는 이 법에서 정한 것 외에는 「지방공무원법」을 적용한다.

제13조(주민자치회 재정) ① 국가와 지방자치단체는 주민자치회 운영에 필요한 경비의 전부 또는 일부를 지원해

야 한다.

② 국가와 지방자치단체는 읍·면·동 주민자치계획 실행을 위해 주민참여예산 정책 연계, 주민세 상당액의 주민자치활동 예산 편성, 특별회계의 운영 등의 적극적 지원 방안을 마련하여야 한다.

③ 주민자치회는 기부금을 받을 수 있으며, 설립 목적 범위에서 수익사업을 할 수 있다.

④ 주민자치회는 연 1회 회계감사를 통해 재정 운영의 투명성을 확보하여야 하며, 주민자치회의 의결로 외부 전문가를 감사로 위촉할 수 있다. ⑤ 주민자치회는 회계연도마다 재정운용계획을 수립하고 기부금 및 수익금을 포함한 예산·결산서와 회계감사보고서를 주민총회에 보고하여 승인 받아야 한다. ⑥ 국가와 지방자치단체는 주민자치회에 위탁한 업무와 재정 지원 사항에 대해 필요한 경우 감사를 할 수 있다.

제14조(재산 및 시설 보유) ① 주민자치회는 그 목적에 따른 사무 및 사업을 위하여 재산 및 시설을 보유하고 운영할 수 있다.

② 주민자치회는 투명성 및 공정성 확보를 위하여 운용 상황을 공개하여야 한다.

제15조(협의체) 주민자치회는 목적 달성을 위하여 해당 시·군·구 내 주민자치회 협의체를 구성할 수 있다.

제4장 읍·면·동 주민자치 계획 및 시행계획

제16조(읍·면·동 주민자치계획의 수립 및 시행계획의 수립) ① 주민자치회는 풀뿌리자치 향상과 지역문제 해결을 위하여 읍·면·동 주민자치계획(이하 "자치계획"이라 한다)을 5년마다 수립하고 주민총회의 승인을 받아야 한다.

② 자치계획에는 다음 각 호의 사항이 포함되어야 한다.

1. 읍·면·동 발전 방향 및 중장기 실천 과제
2. 주민자치회 운영의 발전 방향
3. 지역문제 해결을 위한 의제 및 실천 계획
4. 국가 및 지방자치단체의 주요 정책 사업 연계 계획

5. 그 밖에 읍·면·동 발전을 위해 필요하다고 생각하는 사항

② 주민자치회는 자치계획에 따른 연도별 시행계획을 수립·시행하여야 한다.

③ 주민자치회가 자치계획 및 시행계획을 수립할 때에는 주민의 의견을 적극적으로 수렴하여 반영하고, 필요한 경우 조사·연구를 통해 객관성을 확보하여야 한다.

④ 그 밖에 자치계획 및 시행계획을 위해 필요한 사항은 조례로 정한다.

제17조(다른 계획과의 관계) 국가 및 지방자치단체는 자치계획과 시행계획의 내용을 각 호의 법령에 따른 지방자치단체의 계획에 적극적으로 반영하도록 노력하여야 한다.

1. 「국토의 계획 및 이용에 관한 법률」에 따른 도시·군계획

2. 「지역문화진흥법」에 따른 지역문화진흥기본계획

3. 「사회보장급여의 이용·제공 및 수급권자 발굴에 관한 법률」에 따른 지역사회보장계획

4. 「지역보건법」에 따른 지역보건의료계획

5. 「교통안전법」에 따른 지역교통안전기본계획

6. 「농어업인 삶의 질 향상 및 농어촌지역 개발촉진에 관한 특별법」에 따른 농어업인 삶의 질 향상 및 농어촌 지역개발 기본계획

7. 「국민체육진흥법」에 따른 체육 진흥 계획

8. 「문화예술교육 지원법」에 따른 지역문화예술교육계획

9. 「평생교육법」에 따른 평생교육진흥계획

10. 그 밖에 주민자치회와 지방자치단체가 연계가 필요하다고 판단하는 법정계획 및 공모사업

제5장 주민자치회 지원

제18조(국가 및 지방자치단체의 지원 사항) ① 국가는 주민자치 활성화를 위해 다음 각 호의 사항을 적극적으로 시행하여야 한다. 이에 관한 구체적인 사항은 대통령령으

로 정한다.

1. 5년마다 주민자치 활성화를 위한 종합지원계획 수립·시행

2. 주요 사항을 심의하는 민·관합동정책추진위원회 구성·운영

3. 「통계법」 제17조에 따른 읍·면·동 주민자치 활성화를 위한 지정통계 제공

4. 「국가균형발전 특별법」 제5장에 따른 국가균형발전특별회계를 활용한 재정적 지원

5. 주민자치 정책 개발·실행을 위한 전담부서와 전문지원기관 운영

6. 국가 및 지방자치단체 공무원, 민간전문인력을 위한 교육 운영

7. 지방자치단체의 원활한 업무 수행을 위한 안내지침서 등의 발간

8. 지방자치단체의 주민자치 활성화를 위한 지원업무의 평가

9. 주민자치 활동의 자발적 참여를 지원하는 박람회 개

최 등 홍보

10. 주민자치회 및 주민자치 활성화에 기여하는 법인에 대한 출자·출연

11. 그 밖에 주민자치 활성화에 필요한 국가 사무의 개발 및 시행

② 지방자치단체는 주민자치 활성화를 위해 각 호의 사항을 적극적으로 시행하여야 한다. 이에 관한 구체적인 사항은 조례로 정한다.

1. 5년마다 주민자치 활성화를 위한 종합지원계획 수립·시행

2. 주요 사항을 심의하는 민·관합동추진위원회 구성·운영

3. 주민자치회로의 행정사무 위임·위탁

4. 읍·면·동장 임용에서의 적극적인 주민의견 수렴

5. 이·통장, 주민참여예산위원회, 지역사회보장협의체 등 읍·면·동 민관협력기구와 주민자치회의 융합적 운영

6. 읍·면·동 직접 예산편성 활성화 및 지방자치단체

사무의 읍·면·동 이양

7. 주민세와 주민참여예산 등을 활용한 특별회계의 구성

8. 읍·면·동 행정사무에 관한 자료 제공 등의 협조

9. 주민자치 정책의 효과성 증진을 위한 전담부서와 전문지원기관 운영

10. 지방자치단체 공무원 및 민간전문인력을 위한 교육 운영

11. 주민자치회 및 읍·면·동 주민자치 활성화에 기여하는 법인에 대한 출자·출연

12. 그 밖에 주민자치 활성화에 필요한 행정사무의 개발 및 시행

제19조(전문지원기관의 운영) ① 국가 및 지방자치단체는 주민자치 활동 전반을 행정적·재정적으로 지원하기 위한 전문지원기관을 운영할 수 있다. 이 경우 주민자치와 관련된 기관, 법인 또는 단체를 전문지원기관으로 지정·위탁할 수 있다.

② 해당 전문지원기관은 민·관협력 원칙에 기반하여 주민자치회 등과 협력적 네트워크를 구축하고 주민 중심의

자치가 실현될 수 있도록 노력하여야 한다.

③ 국가 및 지방자치단체의 장은 주민자치 전문지원기관의 활성화와 역량강화를 위하여 필요한 지원체계 구축과 예산확보를 위하여 노력하여야 한다.

④ 그 밖에 전문지원기관의 지정 절차, 사무의 범위 등은 대통령령으로 정한다.

제20조(전문인력의 양성) ① 국가 및 지방자치단체는 주민자치 전문인력을 양성하기 위하여 노력하여야 한다.

② 국가 및 지방자치단체는 주민자치 전문인력 양성을 위한 교육을 지원할 수 있다. 이 경우 그 교육을 위한 전문기관 및 비용 지원 등에 관한 사항은 대통령령으로 정한다.

③ 국가, 지방자치단체 및 공공기관은 대통령령으로 정하는 주민자치 업무를 효율적으로 수행하기 위하여 주민자치 전문인력을 우선하여 채용·배치할 수 있다.

④ 제3항에 따른 주민자치 전문인력의 채용·배치 등에 필요한 사항은 대통령령으로 정한다.

제21조(국·공유재산 활용 특례) ① 국가와 지방자치단체

는 주민자치 활성화를 위해 국·공유재산이 필요하다고 인정하면, 이를 주민자치회에 우선 매각하거나 무상으로 대여·사용하게 할 수 있다.

② 주민자치회는 국가와 지방자치단체의 지원을 받아 조성하거나 취득한 부동산 자산의 소유권 등기를 부기등기하여 관리하여야 한다.

③ 국가와 지방자치단체의 장은 국·공유재산 중에서 활용되지 않고 있는 국·공유재산과 주민자치회에게 우선 매각·대여된 시설의 현황을 파악하고 공개하여야 한다.

④ 제2항에 따른 부기등기의 방법 및 절차, 국·공유재산 등의 현황 파악 및 공개 등에 필요한 사항은 대통령령으로 정한다.

제22조(벌칙 적용 시의 공무원 의제) 제11조에 따른 주민자치회의 위원은 「형법」 제127조 및 제129조부터 제132조까지의 규정을 적용할 때 공무원으로 본다.

부　　칙

제1조(시행일) 이 법은 공포 후 6개월이 경과한 날부터 시행한다.

제2조(주민자치위원회에 관한 특례) 이 법 시행 당시 지방자치단체의 조례에 따라 설치·운영 중인 주민자치위원회는 이 법 시행일로부터 3년 이내에 폐지한다.

제3조(주민자치회에 관한 경과조치) 이 법 시행 당시 종전의 「지방자치분권 및 지방행정체제개편에 관한 특별법」 제29조제4항에 따라 시범적으로 설치·운영 중인 주민자치회는 이 법에 따라 구성·운영 중인 주민자치회로 본다. 다만, 주민자치회는 이 법 시행일로부터 6개월 이내에 이 법에 적합하도록 위원을 구성하여야 한다.

제4조(다른 법률의 개정) 공직선거법 일부를 다음과 같이 개정한다.

제60조제1항제7호 중 "주민자치위원회(주민자치센터의 운영을 위하여 조례에 의하여 읍·면·동사무소의 관할

구역별로 두는 위원회를 말한다. 이하 같다)위원"을 "주민자치위원회 위원과 주민자치회(「주민자치 기본법안」에 따른 주민자치회를 말한다. 이하 같다) 임원"으로 하고, 같은 조 제2항 전단 중 "주민자치위원회위원"을 각각 "주민자치위원회 위원과 주민자치회 임원"으로 한다.

제86조제1항 각 호 외의 부분 중 "주민자치위원회 위원"을 "주민자치위원회 위원과 주민자치회 임원"으로 한다.

제103조제2항 중 "주민자치위원회"를 "주민자치위원회와 주민자치회"로 한다.